Dietrich Bäuerle

Sucht- und Drogenprävention in der Schule

Kösel

ISBN 3-466-36442-6
© 1996 by Kösel-Verlag GmbH & Co., München
Printed in Germany. Alle Rechte vorbehalten
Druck und Bindung: Kösel, Kempten
Umschlag: Kaselow Design, München

1 2 3 4 5 6 · 01 00 99 98 97 96

Gedruckt auf umweltfreundlich hergestelltem Werkdruckpapier
(säurefrei und chlorfrei gebleicht)

Inhalt

Einleitung

Sucht- und Drogenvorbeugung ist ein aktuelles Thema – auch und gerade für die Schule aus Gründen ihrer besonderen Verantwortung für Kinder und Jugendliche –, zugleich auch ein ungeliebtes, schwieriges, oft verdrängtes und tabuisiertes Thema. Natürlich kann die Schule die Sucht- und Drogenproblematik nicht allein bewältigen, ebensowenig wie dies allein das Elternhaus, die Polizei oder die Justiz je vermögen. Das heißt aber nicht, daß die Schule damit aus der Verpflichtung, sich intensiv mit Sucht- und Drogenthemen zu beschäftigen, entlassen wäre.

Sucht- und Drogenvorbeugung ist Angelegenheit der ganzen Schule, d. h., daß die Schulleitung und das Lehrerkollegium die Prävention nicht delegieren können, weder an eine bestimmte Beratungslehrkraft für Suchtvorbeugung noch an ein bestimmtes Fach wie Religion oder Ethik, weil man sich dort »am ehesten mit menschlichen Fragen beschäftigt« – oder wie die Begründungen auch immer lauten mögen.

Freilich wird diese Problematik vor allem in ihren menschlichen Dimensionen erfahrungsgemäß intensiv im Religions- oder auch im Ethikunterricht behandelt, zum einen, weil aus strukturell-curricularen Gründen menschliche Problemfragen Gegenstand beider Fächer sind, zum anderen, weil Religion und Ethik eine große Chance didaktischer Gestaltung von Fragestellungen zu Mitmenschlichkeit, Verantwortung und Solidarität bieten. Insofern besteht eine enge Verknüpfung zwi- schen Religions- bzw. Ethikunterricht und der Suchtproblematik, weil die menschliche Dimension der Sucht, die Gefährdung von Kindern und Jugendlichen sowie die solidarische Hilfe für Abhängige und deren Angehörige auch entsprechende zentrale Themen beider Fächer bilden, vor allem dann, wenn diese Aspekte nicht nur kognitiv abgehandelt, sondern auch handlungsorientiert reflektiert werden.

Natürlich kann das Thema Sucht und Drogen auch wiederum nicht vom Religions- und Ethikunterricht mit Ausschließlichkeit beansprucht werden, vielmehr ist – gerade wegen der Suchtvorbeugung als Gesamtaufgabe der ganzen Schule – die Kooperation mit anderen Fächern, wie z. B. Sozialkunde, Biologie oder Deutsch, sinnvoll und zweckmäßig.

Das bedeutet, daß allgemeine Fragen der Sucht- und Drogenproblematik und der Suchtvorbeugung auch für die Fächer Religion und Ethik gelten, daß beide aber ihre spezifischen Frage- und Arbeitsansätze besitzen. (Abb. »Der Kontext von Religions- und Ethikunterricht in der Suchtvorbeugung«).

Das Buch ist in drei Teile gegliedert, die sowohl Erfahrungswerte und fachliche Grundlagen zur Suchtproblematik wie auch handlungsorientiert pädagogische Leitlinien und konkrete Empfehlungen für die Praxis liefern. Das heißt im einzelnen:

Der Teil **A. Grundlagen** gibt Erfahrungen aus der Sucht- und Drogensituation einschließlich ausgewählter statistischer Angaben und Fachpositionen zur Problematik, liefert Basisinformationen zum Suchtverständnis, über Ursachen und Bedingungen von Sucht und Drogenabhängigkeit, spezielle religionskundliche Aspekte zur Thematik Rausch, Sucht und Drogen und bietet eine knapp gefaßte Suchtmittelübersicht. Damit sind diese Darstellungen zugleich als Erstinformation auch für den Unterricht (in Verbindung mit den Praxisbausteinen in Teil C. Praxisvorschläge) verwendbar. Aus diesem Zusammenhang werden Folgerungen für die allgemeine Sucht- und Drogenvorbeugung entwickelt: von den generellen Prinzipien eines Werterahmens bis hin zu methodischen Grundsätzen sinnvoller und zweckmäßiger Prävention. Damit deckt dieser Teil den äußeren Bereich des Gesamtkomplexes der Suchtvorbeugung ab.

Der Teil **B. Pädagogische Praxis der Schule** erörtert die Voraussetzungen und Möglichkeiten der Sucht- und Drogen-

gesellschaftl. Umfeld der
Sucht- und
Drogenproblematik

Schule als Lebensraum

Ethik- /
Religions-
unterricht

Unterricht, Beratung, Förderung
Projekte, Spiele, Aktivitäten
Schüler, Lehrer, Eltern

Gesundheits-, Sozial-, Familien-, Jugendpolitik
Drogenpolitik, Finanz- und Schulpolitik
Wirtschafts-, Sozial- und Rechtssystem

Abb: Der Kontext von Religion- und Ethikunterricht
in der Suchtvorbeugung

vorbeugung in der Schule und dient der Verklammerung von
fachlichen Grundlagen (im Teil A.) und den konkreten Hilfen (im
Teil C.). Dabei werden Grundsätze der Suchtvorbeugung in die
schulische Situation transferiert und deren Umsetzungsmöglich-
keiten für die Praxis diskutiert. Den Anteil des Religions- und
Ethikunterrichts im Komplex der Sucht- und Drogenproblematik
sowie -vorbeugung wird in einem gesonderten Abschnitt darge-
stellt. Damit deckt dieser zweite Hauptteil die beiden inneren
Bereiche des Gesamtkomplexes Sucht – Drogen – Prävention ab.

Der Teil **C. Praxisbausteine** zeigt die konkrete Praxis der Suchtvorbeugung in unterschiedlichen Aufgabenfeldern – von der Fortbildung der Lehrerinnen und Lehrer, über Unterricht und Schulprojekte, Zusammenarbeit der Schule mit Eltern und außerschulischen Personen, Gruppen und Institutionen bis hin zu den Möglichkeiten der Eigeninformation und -weiterbildung aller am Schulleben Beteiligten.

A.
Grundlagen

1 Situationen und Erfahrungen: Sucht- und Drogenproblematik

Erfahrungsmomente: Situation und Rolle von Schülerinnen und Schülern, Eltern und Lehrkräften

Die Schule nimmt eine zentrale Funktion für Schüler, Eltern und Lehrer ein: Für die Schüler ist sie unausweichliche Sozialisationsinstanz, Lern-, Bildungs- und Ausbildungseinrichtung für eine Dauer von neun bis dreizehn Jahren oder länger; für die Eltern ist sie nach deren eigener Schulzeit in einer besonderen Weise präsent; nicht immer beglückend, immer fordernd und oft belastend begleitet sie den Lebensweg der eigenen Kinder und damit auch den eigenen Alltag der Eltern; für Lehrkräfte ist die Schule Arbeitsplatz, Kommunikationsraum mit Kolleginnen und Kollegen, Begegnung mit Kindern und Jugendlichen, wird von vielen als starke Belastung empfunden, als ständige Herausforderung und verursacht eine Vielzahl von unterschiedlichsten Reaktionen zwischen Engagement und Freude einerseits, Resignation, Verärgerung und Schädigung auf der anderen Seite.

Schule ist kein abgeschlossener Lebensraum, sondern eingebunden in die Gesellschaft, verknüpft mit Politik und Wirtschaft und damit automatisch – neben der charakteristischen Eigenart ihrer spezifischen psychosozialen Prozesse – beeinflußt von vielfältigen Interaktionen innerhalb der Gesellschaft. Die Schule ist Mitverursacherin dessen, was aus einem jungen Menschen wird, und zwar im positiven wie negativen Sinne. Denn schulische Lern- und Sozialisationsprozesse können die Persönlichkeitsentwicklung eines Kindes und Jugendlichen hin zu einem selbstbewußten und verantwortlichen Menschen fördern, aber auch den Aufbau von Ich- und sozialer Identität beeinträchtigen und behindern.

Auch Konsum- und Genußgewohnheiten gehen mit in die Schule ein, werden von und in ihr verarbeitet und spiegeln sich in allen Beteiligten wider. So werden schulische Lernprozesse von den unterschiedlichsten Konsum- und Genußgewohnheiten der Kinder und Jugendlichen beeinflußt: z. B. von der Länge und Intensität des Fernsehkonsums, vom Konsum von Süßigkeiten über die ersten Kontakte mit Nikotin und Alkohol bis hin zu Dauergewohnheiten des Diskotheken- und Kneipenbesuchs und des damit verbundenen Genußverhaltens. Diese Gewohnheiten werden vor allem in der Kindheit und in der frühen Jugend stark vom Vorbildverhalten der Eltern wie anderer Erwachsener mitbestimmt, die ihre eigenen Konsum- und Genußverhaltensweisen meistens unbewußt auf ihre Kinder übertragen und damit zugleich die späteren Einstellungen gegenüber legalen und illegalen Suchtmitteln mit prägen. Auch die Lehrkräfte bevorzugen bestimmte Verhaltensweisen, die sie mit ihrem beruflichen Verhalten kombinieren oder als Ausgleich bewußt dagegensetzen, ja sogar – man denke an das regelmäßige Rauchen oder an den Alkoholkonsum von Lehrkräften zu besonderen Anlässen – in der Schule pflegen, selbstverständlich auch als Vorbilder ihrer Schüler. Weiterhin reichen gesellschaftlich akzeptierte und erwünschte, von Werbung und Gebräuchen gestützte Verhaltensweisen in die Schule hinein, die wie selbstverständlich angenommen werden, mithin eher unbewußt funktionieren.

Auch der Konsum und Genuß illegaler Drogen wirkt in die Schule hinein bzw. ist auch ein Teil von ihr und wird dort auch von Schülern gepflegt. Nicht das Ausmaß ist hier das alleinige Problem, sondern die Tatsache als solche, daß Wirkstoffe unterschiedlichster Art, darunter eben auch Suchtmittel, innerhalb der Schule – wie übrigens auch an anderen Arbeitsplätzen: in Ämtern, in Büros, auf der Baustelle, am Steuer, in Aufsichtsratssitzungen, in Konferenzen, am Rande der Parlamentsarbeit und in den Ministerien – eine alltägliche Rolle spielen: In den Pausen trinken Lehrkräfte Kaffee oder Tee, zunehmend auch Schüler in den Schulcafeterien, nehmen Lehrkräfte und Schülerinnen und Schüler Medikamente zur Beruhigung oder Anregung, wird geraucht – und eben auch einmal – ein Joint gezogen.

Die Behauptung »An unserer Schule gibt es so etwas nicht!« ist aus der Blindheit gegenüber der Realität gesagt, in der Nikotin und Alkohol, psychotrope Medikamente und auch illegale Suchtstoffe bei der Mehrzahl der Schüler, Eltern und Lehrer, wenn auch in unterschiedlicher Verteilung, zum Alltag gehören.

Die Schule ist aber nicht nur ein Praxisort von Konsum-, Genußverhaltensweisen und Gefährdungen. Die Schule kann auch vieles gegen gefährdende Einflüsse bewirken, Verhaltensweisen korrigieren, neue, bessere Leitbilder aufzeigen, Zeichen im Sinne einer Gefährdungsvorbeugung von Kindern und Jugendlichen setzen und Sinnorientierungen für ein verantwortliches Leben bieten.

Dazu bedarf es freilich zum einen der Bewußtwerdung bestimmter Zusammenhänge der Entwicklung von Kindern und Jugendlichen, die für die Suchtgefährdung von Bedeutung sind, und zum anderen der Bereitschaft und Befähigung der Pädagoginnen und Pädagogen zum besonderen eigenen Engagement in der Suchtvorbeugung.

Kindheit und Jugend – altersspezifische Suchtgefährdungen

Im Komplex der vielfältigen Ursachen von Sucht und Drogenabhängigkeit (s. A. 2) spielen spezifische *Faktoren des Jugendalters* etwa zwischen dem 10. und dem 18. Lebensjahr eine besondere Rolle. Oft schauen Erwachsene vordergründig auf den Einstieg Jugendlicher in den Konsum bestimmter Suchtstoffe. Sie übersehen dabei häufig die besondere *Entwicklungssituation von Jugendlichen und deren Schwierigkeiten*, mit der von den Erwachsenen geschaffenen Welt und deren vielen Anforderungen fertig zu werden.

Eltern, Lehrkräfte, Ausbilder und andere Erwachsene, die der nachfolgenden Generation begegnen und über sie bestimmen, aber auch Gleichaltrige und die Jugendlichen selbst stellen Forderungen bzw. Erwartungen an sie bzw. an sich selbst und stehen dabei häufig im Widerstreit unterschiedlicher Werte:

- Jugendliche sollen ein eigenständiges Wert- und Normempfinden aufbauen, in Selbständigkeit ein Gefühl für Verantwortung entwickeln, zugleich aber bestimmte Anpassungsleistungen an das gesellschaftliche System erbringen, das durchaus nicht immer mitmenschliche Verantwortung oder die Selbständigkeit junger Menschen honoriert.

- So sollen sie ein »gesundes Durchsetzungsvermögen« entwickeln, andererseits aber auch soziale Verantwortlichkeit unter bewußtem Verzicht auf die Erzwingung eigener Interessen beweisen.

- Sie sollen sich in ihre Geschlechterrolle einüben und sie annehmen, was ihnen aber sowohl durch sexuelle Tabus und Verbote einerseits wie auch durch sexuelle Freizügigkeit und Exzessivität andererseits oder speziell durch Verzerrungen und Diskriminierungen von Geschlechterrollen erschwert wird.

- Sie sollen sich in Schule und Ausbildung bewähren, berufliche Perspektiven entwickeln und die eigene Existenzsicherung vorbereiten, während gleichzeitig durch rezessive Maßnahmen in Schule, Hochschule und Ausbildung Zukunftschancen gemindert oder zerstört werden.
- Sie sollen selbständig werden, sich von ihren Familien lösen, d. h. auch von ihren Eltern unabhängig werden, zugleich aber wird vielfach unreflektierter Gehorsam gegenüber Eltern und anderen Erwachsenen erwartet.
- Sie sollen sich in ihrer Gleichaltrigengruppe eine Position erringen, die die eigene Persönlichkeit stärkt, konfliktfähig macht, sich ggf. auch hart durchsetzen und wiederum Rücksichtnahme üben.

Diesen *Anforderungen* zu entsprechen verlangt viel Kraft, Mühe und Durchhaltevermögen – Eigenschaften und Fähigkeiten, die nicht alle Jugendlichen in der gleichen Weise aufzubringen vermögen. Das heißt, daß *nicht alle von ihnen den Anforderungen dieses Lebensabschnitts gewachsen* sind, vor allem dann nicht,

- wenn sie in den Erwachsenen keine Vorbilder erkennen können, die ihnen akzeptable, lebbare Perspektiven bieten;
- wenn ihnen der Sinn der gestellten Anforderungen fehlt;
- wenn sie überfordert werden;
- wenn schwierige Lebensumstände in der unmittelbaren Umgebung, in der Familie, in der Schule, in der Wohnumwelt oder bei Freunden ihre Entwicklung beeinträchtigen und ihre Reifung gefährden;
- wenn sie von ihresgleichen und von Erwachsenen nicht ernstgenommen werden;

- wenn ihnen die Eltern, die Lehrkräfte, die Ausbilder oder andere Erwachsene die Hilfe versagen, die sie zur Bewältigung ihrer speziellen Altersprobleme benötigen;

- wenn ihnen von den Erwachsenen, manchmal auch von Gleichaltrigen, Problemlösungen angeboten werden, die sie in ihrer Entwicklung nicht fördern, sondern eher schädigen, d. h. auch in Sucht und Abhängigkeiten führen.

Diese Lebensphase ist für die Jugendlichen gleichsam »vollgepackt« mit *Aufgaben, Anforderungen und Pflichten*, die ihnen von Erwachsenenseite auferlegt werden, ist zugleich aber auch Zeit und Raum des Probierens, der Ablösung von alten Bindungen und der Suche nach neuen Beziehungen und Orientierungen – gekennzeichnet von Identitätsdiffusion und Identitätssuche, von Selbstzweifel, Suchen, Finden und auch wieder Verwerfen von Sinnentwürfen – bis die Jugendlichen, aus der Sicht der Eltern, Lehrer und Ausbilder, dann »endlich erwachsen« sind. Dabei bleibt oft die Frage offen, was denn nun eigentlich dieses Erwachsensein ausmacht: die Anpassung an die Welt der älteren Generationen oder das Finden eines neuen sinnerfüllten Lebensentwurfs, der mehr oder weniger auch in den Gegensatz zur Erwachsenenwelt geraten kann?

Auf diese inneren und äußeren Spannungen reagieren Jugendliche unterschiedlich. Im *Spannungsfeld von Persönlichkeitsentwicklung, Identitätssuche und Problemlösungsstrategien* für den eigenen Lebensentwurf spielen auch Konsum- und Genußverhalten und im Zusammenhang damit (legaler wie illegaler) Drogenkonsum und Suchtgefährdung eine bedeutende Rolle, und zwar ganz sachlogisch und konsequent in einer Umwelt, in der viele Erwachsenen ihren Kindern und Jugendlichen die ihnen selbst wichtige Verknüpfung von Identität und Konsumgenuß vorleben.

Genußbedürfnis und -befriedigung wie auch Drogengebrauch *können Ausdruck sehr unterschiedlicher Befindlichkeiten von* *Jugendlichen sein,* z. B. von mangelnder Zuwendung der Eltern und anderer wichtiger Personen, mangelnder Anerkennung durch Lehrkräfte und Ausbilder, von Überforderung und Frustrationen in der Schule, von Hoffnungslosigkeit und Verzweiflung über soziale und gesellschaftliche Verhältnisse, von fehlenden Sinnerlebnissen, von krisenhaften Beziehungen zu Gleichaltrigen, unbewältigten Sexualitätsproblemen, aber auch von intensivem Erlebnisbedürfnis, von der Lust nach Rauscherfahrung, von Geborgenheit in einer Clique, als Ersatzbefriedigung und zugleich als tief erfüllendes Glücksgefühl. Suchtmittelkonsum resultiert aus Neugier, kann aber auch ein bewußter Regelverstoß und eine Kraftprobe gegen die Normen der Erwachsenen, kann ein Versuch zur Demonstration des eigenen Erwachsenwerdens und gleichzeitig ein Ritual des Cliquenzusammenhalts sein oder aus innerer Leere der Abtötung der Langeweile dienen.

Daher verbietet sich die scheinbar einfache und schnelle Deutung und Problemlösung jugendlichen Drogenkonsums und Suchtverhaltens: *Suchtvorbeugung im Jugendalter gelingt* *nur über einen differenzierten, d. h. multifaktoriellen und ganz-* *heitlichen Problemlösungsansatz mit Respekt und Achtung* *gegenüber den Jugendlichen.*

Der soziale und gesellschaftliche Sucht- und Drogenkontext

Der individuelle Konsum von legalen und illegalen Suchtmitteln wie auch die nicht stoffgebundenen Suchtformen wie Spiel-, Eß- oder Fernsehsucht (zu den verschiedenen Suchtformen s. A. 2.1) sind stets in einem sozialen wie auch gesellschaftlichen Zusammenhang zu sehen. Jede Form der Drogenabhängigkeit und Sucht wird nicht hinter verschlossenen Türen des Privatbereichs allein gelebt und ist nicht nur durch den einzelnen selbst verursacht (dazu die Darstellungen komplexer Ursachenzusammenhänge unter A. 2.2). Da in der Regel alle Menschen in vielfältigen sozialen und gesellschaftlichen Beziehungen und Bindungen mit den Eltern, Partnern, mit den eigenen Kindern, mit Freunden, Kolleginnen und Kollegen in Familie, Freizeit, in Gruppen oder im Beruf zusammenkommen, -leben und -arbeiten, wirken vielfältige Einflüsse auf jede und jeden einzelnen ein und auch wieder zurück.

Die Abhängigkeit von Suchtmitteln oder von bestimmten Konsum- oder Genußsituationen bleibt nicht lange verborgen: Wenn ein Familienvater zu trinken beginnt, so leiden darunter seine Ehefrau wie auch die Kinder, erfolgen Konsequenzen am Arbeitsplatz, droht möglicherweise die Kündigung, zerbricht die soziale und wirtschaftliche Existenzgrundlage der ganzen Familie. Auch ein Schüler kann seine Drogenabhängigkeit nicht dauerhaft verheimlichen: Er wird verhaltensauffällig, seine sozialen Kontakte verändern sich, seine Lern- und Arbeitsfähigkeit läßt nach, seine schulischen Leistungen werden schlechter, er gerät in finanzielle Engpässe.

Doch auch der gesellschaftliche Kontext von Abhängigkeit und Sucht in Politik, Wirtschaft und Kultur ist evident. Die legale Suchtmittelindustrie mit der Produktion von Alkohol und Tabakwaren wie auch die Unterhaltungsindustrie produzieren mit ihrem Warenangebot auch vielfältige Formen des Suchtelends. Alkoholismus, Nikotinsucht, extreme Unterhaltungsbedürftigkeit, Video- oder Spielsucht sind nur einige Formen der Entfremdung der einzelnen und ganzer Gruppen von sich und ihren Angehörigen. Das Zusammenspiel zwischen Konsum, Sucht und Profit macht einen ganzen Wirtschaftszweig der Sucht-Profit-Industrie aus, aus der der Staat kräftig abkassiert (Zahlen siehe nächste Seite).

Auch die pharmazeutische Industrie, zunächst nach eigenem Image der Gesundheit der Menschen verpflichtet, erzeugt beiläufig und nimmt auch mit Hilfe eines geschickten Marketings die Medikamenten-Abhängigkeit von Menschen in Kauf. Suchterzeugende Arzneimittel, oftmals Kombinationspräparate, zielen auf die Bindung der Patientinnen und Patienten an die Nebenwirkungen des Produkts – z. B. bei Schmerzmitteln mit Coffein auf die anregende Wirkung – und damit an das Produkt als Alltagshelfer, allerdings mitunter bei unkalkulierbarem Suchtpotential.

Die intensive Einbindung der Menschen in suchtpotentielle Konsum- und Genußstrukturen, die Forderung des immer Mehr und immer Häufiger stellen eine Gefährdung und reale Gefahr dar, deren Folgen für die einzelnen nicht nur Abhängigkeit, sondern auch Gesundheitsgefährdung und in Extremfällen wirkliche Lebensgefahr bedeuten. Das häufig zitierte und in der Regel nur auf illegale Suchtmittel angewandte Wort von der »Drogenszene« müßte eigentlich auf den legalen Suchtmittelbereich ausgedehnt werden (zum Sucht- und Drogenbegriff s. unter A. 2. 1 und 2. 4).

Statistische Angaben

Die Zahlen zur Sucht- und Drogensituation in Deutschland weisen auf *die Tragweite des Problems und die Dringlichkeit umfassender Maßnahmen, vor allem der Suchtvorbeugung hin.* Die kurze Auswahl der Daten stammt aus Informationen der Fachverbände, des Bundesgesundheitsamts, des Bundeskriminalamts, des Statistischen Bundesamts, die zusammengefaßt sind in den Jahrbüchern der Deutschen Hauptstelle gegen die Suchtgefahren in Hamm (sehr ausführliche und detaillierte Informationen!). Die Zahlen beziehen sich hauptsächlich auf aktuelle Angaben aus den Jahren 1992 bis 1994:

4,5 Mio Alkoholkranke
4 Mio Nikotinabhängige
200 000 – 800 000 Medikamentenabhängige
200 000 Abhängige illegaler Drogen, davon
80 000 – 100 000 Abhängige sog. harter Drogen (Heroin, Kokain)
300 000 – 800 000 Spielsuchtkranke
2 – 4 Mio Kranke mit Eßstörungen (Eß-Brechsucht, Magersucht)

Todesfälle

40 000 Alkoholtote (davon rund 2000 Verkehrstote in Verbindung mit Alkoholkonsum)
70 000 Tote aus Tabakwarenkonsum
1 600 (1993) / 1300 (1994) Tote aus Konsum illegaler Drogen

Die Dunkelziffern sind sehr hoch, da z. B. bei vielen Folgeerkrankungen des Alkoholismus und der Nikotinsucht, die letztlich zum Tod geführt haben, als Todesursache nicht Alkohol und Nikotin angegeben werden, sondern beispielsweise Herzversagen.
Ein hoher Prozentsatz von Gewaltverbrechen mit Todesfolge geschieht unter z. T. erheblichem Einfluß von Alkohol (mittelbare Alkoholtote).
Ein erheblicher Prozentsatz von schweren Verkehrsunfällen mit Todesfolge wird unter Alkoholeinfluß verursacht, statistisch aber unter anderen Einflußfaktoren (z. B. überhöhte Geschwindigkeit) registriert. 1993 sind nachweislich 57 000 Verkehrsunfälle in Verbindung mit Alkoholeinfluß verursacht worden.
Kaum erforscht und oft nicht eindeutig einzuordnen sind die Todesfolgen (mittelbar und unmittelbar) in Zusammenhang mit

Arzneimittelkonsum, z. B. bei Suizid unter Einwirkung von Psychopharmaka.
Nicht eindeutig erfaßbar sind auch Todesfolgen aus dem Zusammenwirken verschiedener Stoffe, wie z. B. bei gleichzeitigem Konsum von Alkohol mit Barbituraten.

Spezielle Gefährdungen

Etwa 20 % der Grundschulkinder werden mit Medikamenten zur Verhaltens- und Leistungsanpassung behandelt (s.u.).
Mehr als die Hälfte der Jugendlichen hat Kontakt (wenigstens einmaliger Konsum) mit sog. leichten illegalen Drogen wie Haschisch und Marihuana. Allerdings steigt nur etwa 1 bis 3 % dieser Konsumenten in den Konsum sog. harter illegaler Drogen wie Heroin oder Kokain mit nachfolgender Abhängigkeit ein.
Ein spezieller Markt und eine besondere Szene verbindet sich mit den sog. Partydrogen, zu denen Ecstasy, LSD, halluzinogene Pilze (Mescalin), Speed und Kokain zu rechnen sind. Sie werden meist im Bereich der Diskotheken gehandelt und konsumiert und stellen bei starker Dosierung und regelmäßigem Gebrauch sowohl eine akute wie auch langfristige Gefährdung dar (bei intensivem oder exzessivem Tanz zu stark rhythmischer Musik hoher Flüssigkeitsverlust, Überhitzung, Kollaps, psychische und Milieuabhängigkeit).

Medikamente

37 % aller Beruhigungs- und 45 % aller Schlafmittel wurden jährlich in größeren Mengen als für drei Monate = 90 Tagesdosierungen verordnet.
Diese Verordnungsmenge ergibt insgesamt, daß 6 % der Bevölkerung in den alten Bundesländern mit Beruhigungsmitteln und 9 % mit Schlafmitteln (Tagesdosierungen) für ein ganzes Jahr zu versorgen wären.

Verschiedene Untersuchungen haben außerdem ergeben, daß bereits 20 bis 25 % der Grundschulkinder regelmäßig oder zu regelmäßig wiederkehrenden Anlässen mit Medikamenten zur Leistungssteigerung und Verhaltensanpassung versorgt werden (Verschreibung durch Ärzte, durch Beratung der Apotheker und Selbstmedikation seitens der Eltern).

Werbung

Die Marketingkosten (Gesamtwerbeausgaben) belaufen sich für ein Jahr bei der Getränkeindustrie für Alkoholika und bei der Tabakwarenindustrie auf je mehr als 2 Mrd DM, bei der Pharmaindustrie auf 5 Mrd DM.

Steuereinnahmen

Die Einnahmen des Bundeshaushalts betragen aus Branntwein- und Tabaksteuer 18 bzw. 7 Mrd = 25 Mrd DM, die sonstigen Abgaben, wie z. B. kommunale Getränkesteuer, nicht mitgerechnet.
Vergleichbare Angaben aus der Schweiz: 1,3 Mrd DM Tabaksteuer, 395 Mio DM Branntweinsteuer; aus Österreich: 1,8 Mrd DM Tabaksteuer, Branntweinabgaben 40 Mio DM.

Versorgungsangebot

ambulant: knapp 1 000 Beratungs- und Behandlungsstellen,
stationär: 330 Einrichtungen mit rund 17 000 Plätzen,
6 550 Selbsthilfegruppen,
175 Elternkreise Sucht.

Positionen zur Sucht- und Drogenproblematik

Alle Einschätzungen des Sucht- und Drogenproblems beinhalten Wertungen, die vielfach von *massiven Interessen und
Wünschen* getragen werden. Zum einen findet man zwar
teilweise sehr diffuse und egozentrische Vorstellungen zu
Sucht und Drogen: So betrachten viele Menschen ihren
eigenen regelmäßigen Alkohol- und Nikotinmißbrauch als
völlig normal, nennen aber einen »Gelegenheitskiffer« süchtig; oder manche betrachten ihren mehrstündigen täglichen
Fernsehkonsum, der in den Augen anderer bereits eine
Abhängigkeit bedeutet, als entspannende Unterhaltung. Zum
anderen kristallisieren sich viele derartige Positionen in den
fachlichen Standpunkten zur Suchtproblematik heraus, die
zwar von der Alltagsdiskussion abgehoben zu sein scheinen,
in denen sich aber auch bestimmte Grundtendenzen für den
Umgang mit Suchtkranken abzeichnen: Hilfsbereitschaft einerseits und Sanktionswillkür gegenüber Suchtkranken andererseits, wie sie sich schwerpunktartig in verschiedenen
Berufen widerspiegeln.

Die nachfolgend angerissenen Standpunkte skizzieren jedoch
einige der bekannten Positionen zur Suchtproblematik.

Die soziokulturelle Sichtweise

Sie registriert Konsum- und Suchtformen einerseits als Ausdruck einer bestimmten Kultur oder Subkultur in deren jewei-
liger Eigendynamik, andererseits beobachtet sie das Zusam-
men- oder Gegenspiel verschiedener *Konsum- und Suchtkul-
turen* innerhalb eines übergeordneten Komplexes unterschiedlicher politischer, wirtschaftlicher, sozialer Systeme und
Zusammenhänge. Dabei überwiegt die Beschreibung von Verhaltensweisen der Drogenkonsumenten und Suchtkranken in
ihren jeweiligen (sub-)kulturellen Wert-Norm-Systemen.

Für die Vorbeugung bietet der soziokulturelle Standpunkt vor allem *Erfahrungswerte für die Information und Sachanalyse psychosozialer und kultureller Prozesse in Verbindung mit der Sucht- und Drogenfrage.* Soziokulturelle Sichtweisen helfen bei der angemessenen Einschätzung bestimmter kultureller Bindungen von Drogen bzw. Rauschmitteln –z. B. auch im Rahmen religiöser Kulte und Gebräuche – oder von Entwicklungen bestimmter Subkulturen und fördern damit auch das *Verständnis und die Offenheit für unterschiedliche Kulturen* überhaupt. Das bedeutet aber nicht den Verzicht auf eigene Sucht- und Drogenvorbeugung, die freilich durch soziokulturelle Vergleiche einen weiteren Horizont für die Konzeption eigener Maßnahmen erfährt. Dies wird beispielsweise deutlich, wenn eine vergleichende Betrachtungsweise von Drogenkulturen und -problemen in verschiedenen europäischen Ländern zu der Koordinierung angemessener, d. h. am Wohl des Abhängigen orientierten Hilfsmaßnahmen beiträgt.

Die medizinische Sichtweise

Aus mehr *naturwissenschaftlicher* Perspektive stehen die Wirkweisen bestimmter Drogenstoffe im Vordergrund des Interesses, gelten der Drogenkonsument und Süchtige als Kranker und die Droge gleichsam als Krankheitserreger. Das bedeutet zum einen eine relativ einseitige pharmakologische bzw. biochemische Betrachtungsweise der Wirkzusammenhänge, bei denen das Hauptinteresse auf die Wirksubstanz gerichtet ist, und zum anderen die *zu starke Individualisierung der Suchtproblematik.* Dementsprechend sind auch *Präventionsstrategien aus dieser Sichtweise heraus mehr auf die Droge und das kranke Individuum konzentriert.*
Die *sozialmedizinische* Sichtweise tendiert dagegen mehr dazu, die Gefährdeten und Suchtkranken in ihren sozialen Beziehungen zu betrachten und die Problemlösung mit sozialpädagogischen und psychotherapeutischen Maßnahmen zu

kombinieren. Der Betroffene wird also weniger vereinzelt, die Droge nicht zum Fixpunkt von Vermeidungs- und Vorbeugungsstrategien, sondern es wird stärker auf die *sozialen und gesellschaftlichen Ursachen und Bedingungen der Sucht* abgehoben.

Besonders wichtig ist der *psychiatrische* Ansatz, der pharmakologische wie auch sozialmedizinische und psychosoziale Aspekte (s.u.) verknüpft.

Die *Kritik* an den medizinischen Sichtweisen richtet sich gegen die übermäßige *Stoffixierung* der mehr naturwissenschaftlichen Orientierung, die soziale und gesellschaftliche Faktoren zu wenig oder gar nicht berücksichtigt. Ferner trifft die Kritik die *oft einseitige pharmakologische Ausrichtung traditionell medizinischer Maßnahmen vor allem in den Arztpraxen.* Die häufig gerade von medizinischer Seite so oft geforderte Drogenabstinenz steht oft im Gegensatz zu der häufig *vorschnellen ärztlichen Verschreibung und Verabreichung von Medikamenten*, auch solcher mit Suchtpotential. Diese Kritik schließt auch die suchtgefährdende Medikation vieler Kinder bei Verhaltens- und Anpassungsschwierigkeiten mit ein.

Für die *Präventionspraxis* ist der sozialmedizinische Standpunkt dort, wo von seiten der Ärzteschaft Maßnahmen der Prävention gegen Medikamentenabhängigkeit, gegen andere Suchtformen, für die Gesundheitsaufklärung, -erziehung und -förderung mit sozialpädagogischer und therapeutischer Flankierung mitgetragen werden, besonders hilfreich.

Die juristische Sichtweise

Der traditionelle juristische Standpunkt vornehmlich von Polizei und Justiz orientiert sich am *Betäubungsmittelrecht* und ist damit eher *repressiv*: Die illegalen Suchtmittel rücken in den Vordergrund des Interesses, Wirkstoffe werden im Sinne des

Betäubungsmittelrechts als gesundheitsgefährdend und als gesellschaftlich schädlich eingeschätzt, die *Konsumenten illegaler Drogen rechtspolitisch kriminalisiert.*

Mit dieser Regelung trat bis zur Modifizierung 1995 die absurde Situation auf, daß beispielsweise ein Jugendlicher, der sich eine geringe Menge Haschisch zum eigenen Verbrauch kauft und sozial unauffällig bleibt, nach dem Betäubungsmittelgesetz straffällig wurde, während ein Alkoholkonsument, der die ganze Familie und sich selbst wirtschaftlich, körperlich und seelisch ruiniert, straffrei ausgeht, wenn er nicht im Zuge seiner Alkoholsucht andere Straftaten begeht.

In Sinne der juristisch-kriminologischen Sichtweise werden *zwei Präventionsbegriffe* verwendet:

1. die *Spezialprävention*, die auf die Abschreckung der einzelnen durch gezielte Maßnahmen wie Androhung von Strafe abzielt,
2. die *Generalprävention*, die die Allgemeinheit mit der Androhung staatlicher Gewalt zur Abstinenz von illegalen Suchtmitteln zwingen soll.

Hinzu kommt seit einigen Jahren eine weitere staatliche Zwangsmaßnahme: die *Wertabschöpfung* von Einnahmen aus dem illegalen Drogengeschäft zugunsten des Staates, mit der sich Politiker die *Reduzierung der sog. Geldwäsche* erhoffen, also die Eindämmung oder gänzliche Verhinderung von Kapitaltransfers aus den illegalen Gewinnen des Drogenhandels hinein in die legalen Kapitalmärkte – eine Maßnahme, die sich als wirkungslos erwiesen hat.

Bei der Bewertung des juristischen Standpunkts ist zu berücksichtigen, daß Polizei und Justiz an das *Legalitätsprinzip* gebunden sind, d. h. tätig werden müssen, wenn ihnen ein Delikt gegen das Betäubungsmittelrecht bekannt wird. Es zeichnet sich angesichts des Umfangs des illegalen Drogenproblems aber ab, auch im Bereich von Polizei und Justiz *opportunistisch* zu verfahren und z. B. den Besitz geringer Mengen von Haschisch (zum Eigenverbrauch) nicht zu verfolgen und zu ahnden, um sich besser auf die großen Dealer konzentrieren zu können. Die Möglichkeit jedoch, grundsätzlich auch weiterhin die meistens abhängigen und schwerkranken Konsumenten-Dealer auf der untersten Ebene der Drogenhierarchie zu verfolgen und zu bestrafen, bleibt bestehen.

Im Gegensatz zum ungeheuren Aufwand repressiver Drogenpolitik aus dieser Sichtweise des Suchtproblems ist der psychosoziale und gesundheitliche Gewinn minimal – eine Einsicht, die sich in Politik, Justiz und Polizei allmählich durchzusetzen scheint. Denn mit Sanktionen wird der offenen, ganzheitlich-ursachenorientierten Sucht- und Drogenhilfe schwerer Schaden zugefügt, da *repressive Maßnahmen suchtkranken Menschen nicht wirklich helfen*, sondern nur zusätzliche Probleme durch die wirtschaftlichen, organisatorischen, seelischen, körperlichen und sozialen Belastungen der Kriminalisierung (Fahndung, Anklage, Prozeß, Verurteilung, Inhaftierung, Zwangsauflagen etc.) schaffen.

Außerdem ist es inhuman, einen Menschen für seine Krankheit, für die er allein nicht verantwortlich zu machen ist, zu bestrafen, anstatt ihm zu helfen. Man kann es als Teilkapitulation, als späte Einsicht oder als Beginn einer Wende aus juristischer Sicht werten, wenn sich auch namhafte Rechtswissenschaftler und -praktiker gegen *repressive Maßnahmen als untaugliches Mittel zur Bewältigung des Sucht- und Drogenproblems* aussprechen.

Ohne andere Betrachtungsweisen auszuschließen, vertritt der psychosoziale Standpunkt die *vorrangige Beachtung der Person im Beziehungsfeld von Mensch – Umwelt – Droge bzw. Suchtmilieu*, und das aus einem guten Grund. Denn wenn die Personwürde der Gefährdeten und Kranken nicht den Vorrang bei allen vorbeugenden, beratenden, helfenden und nachsorgenden Bemühungen erhält, rücken automatisch andere Faktoren in den Vordergrund, die eine menschenwürdige und mitmenschliche Vorbeugung durch andere, beispielsweise staatliche Ordnungsinteressen erschweren und sowohl die Betroffenen wie auch die Beratenden und Helfer für entfremdende Zwecke funktionalisieren: zur Stabilisierung eines bestimmten Rechtssystems, für die Machtinteressen von Parteien oder zugunsten der Profite bestimmter Wirtschaftszweige.

Denn nicht der Staat mit seinem Strafrecht und -bedürfnis oder die Pharmaindustrie, die Alkohol- oder Tabakwarenhersteller mit ihrem Profitstreben dürfen Konsum- und Genußmaßstäbe setzen, sondern *die Orientierung muß beim selbstgestalteten, zufriedenstellenden, suchtfreien Leben der Menschen in einer gesunden Umwelt liegen.* Daraus sollte sich ergeben, das Strafrecht, insbesondere das Betäubungsmittelrecht zugunsten der Menschenwürde – auch der Personwürde von Suchtkranken – zu novellieren und menschenfeindliche Folgen der Konsumindustrie zu deren Lasten zu bekämpfen.

2

Basisinformationen zur Sucht- und Drogenproblematik

Die Zusammenhänge von Konsum, Genuß, Mißbrauch, Abhängigkeit und Sucht

Für die Präventionsdiskussion ist die Sicherung einiger Begriffsdefinitionen hilfreich: So sollte beispielsweise Klarheit über das Verständnis der Sucht bestehen und der Begriff der Abhängigkeit differenziert verwendet werden, auch um den Betroffenen gerecht zu werden und die eigene Einstellung und mögliche Suchtgefährdung besser einordnen und abschätzen zu können.

Konsum ist materiell und immateriell zu verstehen:

- materiell als Gebrauch, Verzehr und Verbrauch von Gütern, aller Art,
- immateriell als Aufnahme von Erlebnissen und Empfindungen, wie z. B. den Fernsehkonsum.

Der Konsum kann zum *Genuß* gesteigert werden – das gilt für Nahrungsmittel ebenso wie für bestimmte Erlebnisse.

Konsum und Genuß können zum *Mißbrauch* führen, wenn die Konsumierenden sich selbst körperlich und / oder seelisch schädigen bzw. mit ihrem Konsum und Genuß andere Menschen in ihrem Wohlbefinden bzw. in ihrer Gesundheit beeinträchtigen. Darüber gehen die Meinungen allerdings oft sehr weit auseinander. Orientierungsdatum für die Definition des Mißbrauchs ist für die Suchtvorbeugung der *differenzierte Gesundheitsbegriff der WHO*. Danach meint Gesundheit

* einen Zustand vollständigen physischen, psychischen und sozialen Wohlbefindens und nicht nur die Abwesenheit von Krankheit und Gebrechen,

* eine persönliche Leistung, die Körper, Geist und Seele in einem dynamischen Gleichgewicht hält, wobei dieses Bemühen durch Umwelteinflüsse unterstützt wie auch belastet wird.

Der *Mißbrauchsbegriff* ist in der Präventionsdiskussion umstritten. Während beispielsweise im *medizinischen* Sinne Mißbrauch den einmaligen, mehrfachen oder gelegentlich übermäßigen und gesundheitsschädigenden Gebrauch eines Wirkstoffes, wie z. B. des Alkohols, meint, liegt Mißbrauch im *juristischen* Sinn unabhängig von der Gesundheitsschädigung bei allen Verstößen gegen das Betäubungsmittelrecht vor. Aus *psychosozialer bzw. pädagogischer* Sicht liegt Mißbrauch eines Mittels dann vor, wenn z. B. durch den Konsum und Genuß die Persönlichkeitsentwicklung eines Kindes oder Jugendlichen, dessen Beziehungen zur näheren und weiteren Umwelt sowie seine körperliche Gesundheit gestört bzw. beeinträchtigt werden. Insgesamt enthalten die Definitionen von Drogen- bzw. Suchtmittelmißbrauch so zahlreiche und unterschiedliche Kriterien, daß die *Verwendung des Mißbrauchsbegriffs grundsätzlich problematisch* erscheint, zumal die Grenzen zwischen Gebrauch und Mißbrauch häufig fließend sind.

Für die Einschätzung von Gefährdungen hilfreich ist dagegen ein differenziertes Verständnis der Abhängigkeit sowie der Begriffe der Gewöhnung und der Toleranz.
Meistens kommt es über die *Gewöhnung an einen bestimmten Konsum und Genuß* zur Abhängigkeit.

Unter *Toleranz* versteht man in diesem Zusammenhang die Einstellung des Organismus auf bestimmte Wirkstoffe, wie z. B. den Alkohol, nach einer Phase der Gewöhnung. Diese Toleranz geht einher mit der sog. körperlichen Abhängigkeit, die vor allem durch die Entzugserscheinungen wie Zittern, Schweißausbrüche, Angstzustände o.ä. deutlich wird, wenn der Wirkstoff, z. B. Alkohol oder Heroin, abgesetzt wird.

Mit *seelischer Abhängigkeit* bezeichnet man das starke Verlangen nach einem intensiven Erlebnis, z. B. einem Rausch, das durch einen bestimmten Wirkstoff, wie z. B. durch Alkohol oder Kokain, aber auch durch eine bestimmte Situation, wie z. B. ein Wettspiel oder durch intensive Arbeit, ausgelöst werden kann.

Unter *sozialer und Milieu-Abhängigkeit* versteht man die engen sozialen Bindungen der oder des Abhängigen an bestimmte Personen und/oder an ein bestimmtes Milieu (Kneipe, Drogenszene, Spielkasino, Sportsituation, Arbeitsplatz). Eine besondere Form der sozialen Abhängigkeit im Suchtbereich stellt die sog. *Co-Abhängigkeit* als die zwanghafte Bindung an die Suchtverhaltensweisen eines nahestehenden Menschen wie Eltern(teil), Ehepartner/in, Partner/in, Geschwister, Freundin oder Freund dar.

In der Fachliteratur werden der Abhängigkeits- und Suchtbegriff häufig synonym verwendet, aber auch voneinander abgehoben, wobei Sucht oftmals als Steigerung der Abhängigkeit verstanden wird. Nach dem Suchtverständnis der Weltgesundheitsbehörde der Vereinten Nationen (WHO) von 1964 dient der Terminus *Drug Dependence (»Drogenabhängigkeit«)* als Rahmenbegriff für *Drug Addiction (»Drogensucht«)* und *Drug Habituation (»Drogengewöhnung«)*. Die Abhängigkeit wird dabei immer in Verbindung mit dem Wirkstoff bzw. mit der überwiegenden Neigung zu diesem Wirkstoff gesehen. Demnach werden *sieben Typen der Drogenabhängigkeit* unterschieden: 1. der Alkohol-Barbiturat-, 2. der Opiat-, 3. der

Cannabis-, 4. der Amphetamin-, 5. der Kokain-, 6. der Khat- und 7. der Halluzinogen-Typ.

Diese Klassifikation ist jedoch deshalb problematisch, weil der Nikotin-Konsum nicht miterfaßt wird, die Abhängigkeit von Lösungsmitteln (sog. »Schnüffelstoffe«) nicht zuzuordnen ist, der polytoxikomane Drogenkonsum (Mischkonsum verschiedener Drogen) in der zu theoretisch wirkenden Klassifikation nicht zum Ausdruck kommt und schließlich die nicht stoffgebundenen Suchtformen unberücksichtigt bleiben.

Deutlicher wirkt da die Unterscheidung in:

1. *drogenspezifische bzw. substanz- oder stoffgebundene Süchte* / Suchtformen wie z.B. die Alkohol-, Nikotin-, Heroin- oder Kokainsucht, und
2. *drogenunspezifische bzw. substanz- oder stoffungebundene Süchte* / Suchtformen wie z. B. die Spiel-, Arbeits-, Mager-, Eß- oder Eß-Brechsucht, bei denen kein Wirkstoff eingenommen wird, sondern bei denen Menschen von bestimmten Verhaltens- oder Erlebniszuständen abhängig werden.

Für die Erkennung einer Sucht sind bezeichnend:

1. *der Zwang*, sich ein Mittel zu verschaffen, es zu konsumieren oder sich in eine bestimmte Situation oder in einen Zustand zu bringen, der immer wieder gesucht und zunächst als wohltuend empfunden wird,
2. die Neigung zur *Dosissteigerung oder Intensivierung* des Wirkstoffs bzw. der Erlebnissituation,
3. die seelische, körperliche und / oder soziale bzw. Milieu-*Abhängigkeit* von Wirkstoff, Zustand bzw. meist rauschhaftem Erlebnis, oft in einer speziellen Umgebung,
4. die *Entzugssymptome*, wenn das Wirkmittel nicht zur Verfügung steht oder der gewünschte Erlebniszustand nicht

hergestellt werden kann – Symptome, die oft den angenehmen Rauschzustand ablösen und dazu führen, alles zu tun, um den Entzug zu vermeiden,

5. der Sinn, den die Sucht gibt, die praktisch zum *Lebensinhalt* des Abhängigen geworden ist und zum Verfall und zur Verelendung des Betroffenen führt,

6. die *Unfähigkeit*, diesen Zustand spontan und in kurzer Zeit *zu beenden.*

Sucht ist eine schwere Krankheit, die nicht nur den Abhängigen selbst, sondern auch seine Umwelt erheblich schädigen kann, vor der kein Mensch absolut sicher ist, da niemand frei von Schwächen seiner Person ist und nicht alle äußeren Suchtgefährdungen ausschließen kann. Sowohl die Abhängigkeit von Alkohol wie auch von illegalen Drogen oder Medikamenten ist seit Anfang der 70er Jahre als *»Krankheit im versicherungsrechtlichen Sinn«* anerkannt, so daß Betroffene eine notwendige Behandlung nicht selbst bezahlen müssen, sondern die Krankenkassen, die Rentenversicherungsträger oder ggf. die Landessozialämter einspringen.

Die weltweit vielfältigen Suchtformen unterschiedlicher Konsumkulturen, die Vielzahl der Alkoholikerinnen und Alkoholiker, der Abhängigen von illegalen Drogen und von Medikamenten sowie der anderen, nicht stoffixierten Suchtkranken läßt die Vermutung zu, daß die *Neigung zur Sucht bzw. Suchthaltungen als eine typisch menschliche Disposition nicht nur umwelt-, sondern auch veranlagungsbedingt* sein kann. Zudem sind Suchtgefährdungen umfassend und vielfältig gegenwärtig und an unterschiedliche Ursachen und Bedingungen geknüpft. Folglich ist die *Suchtvorbeugung* angesichts dieser gleichsam flächendeckenden Existenz von Gefährdungen, Abhängigkeiten und Suchtformen auf gar keinen Fall eine Spezialaufgabe einiger weniger Experten, sondern eine *allgemeine Gesundheitsaufgabe* ersten Ranges mit hoher politischer, wirtschaftlicher und gesellschaftlicher Bedeutung.

Das Zusammenspiel von Konsumgenuß, Gewöhnung, Abhängigkeiten bis hin zur Sucht läßt sich in bestimmten *Phasen oder Stadien einer Suchtentwicklung* erkennen, die aber in dieser Form nicht zwangsläufig sein muß. Denn z. B. schädigen viele angepaßte Alkohol- und Nikotin-Abhängige zwar dauerhaft ihre Gesundheit, bleiben auf einer bestimmten Stufe der Suchtentwicklung stehen und sind durchaus imstande, ihr Leben selbständig und ohne schwere Beeinträchtigung anderer zu führen. Eine Suchtentwicklung ist meistens durch folgende auffällige Phasen oder Stadien gekennzeichnet (schematisiert):

1. Phase der Suchtentwicklung: Steigerung des Genusses – positives Lebensgefühl – Gefühl der Verbesserung der Lebensqualität

- Persönlichkeit: gute Gefühle, Steigerung des Selbstwertempfindens, Euphorien, beglückende Rauschzustände, aber auch die Gefahr der falschen Selbsteinschätzung und des Realitätsverlusts;

- Suchtmittel und -milieu: Verstärkung des Konsums, Intensivierung der Erlebnisse;

- Mit- und Umwelt: Wechsel von Beziehungen hin zu Gleichgesinnten.

2. Phase der Suchtentwicklung: Gewöhnung – Verfestigung der Konsum-Genuß-Gewohnheiten – beginnende Persönlichkeitsveränderungen

- Persönlichkeit: zunehmender Realitätsverlust, Verlust der Konfliktfähigkeit, egozentrische Lebensorientierung, beginnender Verlust der Arbeits- und Leistungsfähigkeit, beginnende Verhaltensauffälligkeiten;

- Suchtmittel und -milieu: Zunahme der Gewöhnungstoleranz, beginnender Verlust der Selbstkontrolle, Dosis- und Erlebnissteigerungen;

- Mit- und Umwelt: erste Konflikte im Arbeits-, Leistungs-, Ausbildungs- und Berufsbereich, zunehmende Belastung bisheriger Beziehungen in Familie, Partnerschaft, Kollegenschaft.

3. Phase der Suchtentwicklung: deutliche Persönlichkeitsveränderungen – Verlust sozialer Beziehungen – Abhängigkeiten

- Persönlichkeit: verschiedene Formen der Abhängigkeit, gesundheitliche Schädigungen, schwere Beeinträchtigungen der Realitätswahrnehmung, der Arbeits- und Leistungsfähigkeit, deutliche Verhaltensauffälligkeiten und -störungen;
- Suchtmittel und -milieu: weitere Dosissteigerungen und Erlebnisintensivierungen mit Kontrollverlust;
- Mit- und Umwelt: Verlust und Bruch von Beziehungen, Verlust des Arbeitsplatzes, Aufgabe der Ausbildung, überwiegende oder ausschließliche Orientierung an Suchtszene/-milieu, Inkaufnahme von Kriminalität und Prostitution.

4. Phase der Suchtentwicklung: Verfall – Verelendung – Pflegebedürftigkeit – Todesgefahr

- Persönlichkeit: seelischer und körperlicher Verfall: Verlust bzw. schwere Störungen seelischer und körperlicher Funktionen, äußerer Verfall, Unfähigkeit zur Selbstregulierung und Selbstkontrolle;
- Suchtmittel und -milieu: extreme Steigerungen, akute Gesundheitsschäden und Todesgefahren, Abnahme der Verträglichkeit durch gesundheitliche Schädigungen;
- Mit- und Umwelt: Verarmung und Verelendung, Isolation, soziale Ächtung, Pflegebedürftigkeit.

Suchtvorbeugung

Für die Suchtvorbeugung läßt sich an dieser Stelle kurz zusammenfassen:

1. *Konsum und Genuß* müssen nicht, können aber zur *Gewöhnung, Abhängigkeit und Sucht* führen. Sie müssen mit und von Kindern und Jugendlichen mit Blick auf die vielfältigen gefährdenden Konsumangebote *eingeübt* werden, um Gefährdungen zu vermeiden.

2. Keine Sucht tritt schlagartig auf, vielmehr gehen ihr in der Regel mißbräuchliche Konsum- und Genußgewohnheiten voraus. Daher sind *die Regelung eines gesunden Konsum- und Genußverhaltens und ein positives Verhältnis zur eigenen Gesundheit zentrales Anliegen der Suchtvorbeugung.*

3. Die Entwicklung einer Sucht kann ebenso wenig eindeutig und sicher vorausgesagt wie ausgeschlossen werden. Daher zielt *Suchtvorbeugung* nicht selektiv auf bestimmte Personen und Gruppen oder soziale Verhältnisse ab, sondern stellt eine *allgemeine Aufgabe* im Rahmen der Gesundheitsvorsorge und -erziehung dar.

Der komplexe Ursachenzusammenhang von Abhängigkeit und Sucht

Durch die Erfahrungen der Suchtvorbeugung, -beratung und -krankenhilfe hat sich allgemein das sog. *multifaktorielle Ursachenmodell* durchgesetzt, demgemäß das Sucht- und Drogenproblem eines Menschen niemals in nur einer Ursache, sondern in einer Vielzahl von Faktoren und Bedingungen begründet liegt. Folglich ist es für die Vorbeugungsarbeit sinnvoll und hilfreich, die ganze *Persönlichkeit, die Umwelt im engeren und weiteren Sinn* mit in Betracht zu ziehen. Hinweise aus der Praxis können die Plausibilität dieser Sichtweise belegen. Denn würde der Grund beispielsweise für die Alkoholsucht allein nur im Suchtmittel zu finden sein, müßte jeder, der mit Alkohol in Berührung kommt, auch alkoholsüchtig werden. Da dies aber nicht der Fall ist, müssen noch andere Faktoren die Alkoholsucht mitbedingen – eine Erfahrung, die für alle Suchtgefahren bzw. -formen gilt. Sucht ist folglich auch *niemals nur als individuelles Problem* anzusehen, mit dem der einzelne und dessen engste Angehörige allein fertig werden müssen, sondern wird immer *auch durch soziale und gesellschaftliche Einflüsse mit ausgelöst.* Daraus ergibt sich auch, daß die sog. Schuldfrage, die für die Betroffenen und Beteiligten in belastender Weise immer noch gestellt wird, niemals eindeutig zu klären ist. Selbst wenn dem einzelnen ein großer Teil von Verantwortung für seine eigene Erkrankung zuzuschreiben ist, so liegt die Gesamtverantwortung nicht nur bei ihm selbst, sondern auch an seiner näheren und sozialen Umwelt, also an den Rahmenbedingungen seiner gesamten Konsumumwelt, für die er allein nicht verantwortlich zu zeichnen hat.

Die Ursachen und Bedingungen von Abhängigkeit und Sucht sind vielfältig, kompliziert und nur aus verschiedenen Faktorenkomplexen zu begreifen:

1. Faktorenkomplex: Persönlichkeit

Hier sind alle Merkmale, Eigentümlichkeiten und Neigungen einer Person zusammengefaßt, die eine Sucht bzw. Suchtentwicklung begünstigen können, wobei sich nur schwer klären läßt, ob es sich um veranlagungs- oder sozialisationsbedingte Faktoren handelt. Das weist zugleich auch wieder auf die Faktorenkomplexe der Um- bzw. Mitwelt hin:
Bedürfnisse nach Lust-, Glücks-, Rauscherlebnissen, niedrige Frustrationstoleranz, Labilität, Probleme im Umgang mit Konflikten, Regressionsneigung, Prämorbidität, schwaches Selbstwertgefühl, Depressivität, Introversion, Verarbeitung von psychoaktiven Substanzen u.a.

2. Faktorenkomplex: Suchtmittel / Suchtmilieu

Darunter fallen alle Faktoren der spezifischen Wirkung bestimmter Suchtmittel wie auch der individuellen Neigung zu einzelnen Suchtmitteln hin (Verträglichkeit), wie auch das gesamte Milieu der Rauscherlebnisse einschließlich nichtstoffgebundener Suchtformen. Auch hier zeigt sich die Verbindung zu den anderen Faktorenkomplexen:
Art, Verfügbarkeit, Anwendungsmodus, Wirkweisen, gesellschaftliche Wertungen und kulturelle Einbindung von Suchtmitteln aller Art, suchtgefährdende Situationen und Milieus, stoffungebundene Suchtformen, Bedingungen und Zusammenhänge von Konsum, Genuß, Mißbrauch und Abhängigkeit, Ökonomie legaler und illegaler Drogen u.a.

3. Faktorenkomplex: Mitwelt, sozialer Nahraum

Dazu gehören alle engen Bindungen und sozialen Beziehungen der näheren Um- bzw. Mitwelt wie auch die Lebensbedingungen der erfahrbaren Umwelt, die die Faktorenkomplexe Persönlichkeit und Suchtmilieu mit betreffen: belastende Familienbedingungen, Partner- und Freundschaften, belastende Schul-, Ausbildungs-, Studien- und Berufsverhältnisse, suchtbegünstigende Kontakte und Milieus, gefährdende Freizeitaktivitäten, Mangel an beglückenden und stärkenden Kontakten und Beziehungen, bedrückende Wohn- und Umweltatmosphären, Mißerfolgserlebnisse, unterdrückende soziale Abhängigkeiten, überfordernde Konflikte, Partnerschaftsprobleme, sexuelle Schwierigkeiten, Isolation und Verlassenheit u.a.

4. Faktorenkomplex: gesellschaftliches Umfeld

Auch wirtschaftliche, politische und gesellschaftliche Zustände begünstigen ggf. Suchtneigungen und -prozesse. Das bedeutet, daß nicht allein die einzelne Person oder die sie umgebende Kleingruppe verantwortlich zu machen ist für Suchtgefährdungen und -krankheit, daß also das Suchtelend nicht einfach- hin privatisiert werden darf: gefährdende Konkurrenz- und Leistungssituationen in Gesellschaft und Wirtschaft, Erwerbslosigkeit, Mangel an Zukunftsperspektiven, desolate und belastende politische Verhältnisse, Ohnmachtsempfindungen gegenüber politischen Entwicklungen, einseitige Konsumorientierungen, gefährdende Konsum- und Genußwerbung, suchtstoffbegleitete Freizeitwelt, Minderung der Umwelt- und Lebensqualität, Kinder- und Jugendfeindlichkeit, Erschwerung von Schul- und Ausbildungsverhältnissen u.a.

Daraus ergibt sich für die Suchtvorbeugung, daß Beratung, Hilfe und Prävention nicht überwiegend dem Individuum und seinen unmittelbaren Beziehungspersonen zugemutet werden darf. Vielmehr verlangt eine umfassende Suchtvorbeugung auch eine Veränderung suchtgefährdender gesellschaftlicher, wirtschaftlicher und politischer Verhältnisse. Gesellschaftliche Zusammenhänge mit zunehmender Zweckausrichtung des Alltagslebens nicht nur im Beruf, sondern auch in der Familie, im engsten Freundeskreis, in der Freizeit zugunsten von politischen Macht- und wirtschaftlichen Profitinteressen, unter der vor allem Kinder und Jugendliche hinsichtlich ihrer Persönlichkeitsentwicklung zu leiden haben, werfen die Frage nach den Möglichkeiten auf, eigene Subjektivität und individuelle Originalität und nicht nur einen verordneten, sondern vor allem den eigenen Lebenssinn zu gewinnen. Eine durchorganisierte Lebenswelt, die überwiegend materialistisch, konsum- und profitorientiert wirkt, läßt nur wenig Raum für Eigenes und damit für die Herausbildung von Ich-Stärke. Formen entfremdender Lebensorganisation erleichtern Trends – nicht nur bei Erwachsenen, sondern vor allem bei Kindern und Jugendlichen – zu künstlich erzeugten Gefühlen und Empfindungen, zu vorproduzierten Erlebnissen und damit in der Freizeitwelt gleichsam zu Scheinwelten und Phantasiefluchtburgen gegen eine verfremdende, ich- und gestaltungsfeindliche Umwelt.

Diese *Mißstände sind Erwachsenenprodukte*, die aus unterschiedlichen Gründen hervorgebracht werden. Wenn Erwachsene aber Suchtgefährdungen von Kindern und Jugendlichen abwenden wollen, können sie es nicht bei Appellen, Sachaufklärung und / oder Sanktionen gegen drohende Gefährdungen belassen, sondern müssen *sich und ihre Umwelt verändern*, die sie als Erwachsene mitgestaltet und mitzuverantworten haben, deren Teil – als oftmals vielfältig Abhängige – sie selbst sind. Das bedeutet neben der Veränderung einer suchtpotentiellen Umwelt auch die *Veränderung des eigenen Vorbildverhaltens, zum Nutzen der Kinder und Jugendlichen*, aber zugleich auch zum eigenen Vorteil der Erwachsenen.

Religiöse und kultische Aspekte der Drogen-, Rausch- und Suchtproblematik

Die Kenntnis und der Gebrauch von Rauschdrogen kann in der menschlichen Kulturgeschichte zurückverfolgt werden bis zur Entwicklungsstufe der Jäger und Sammler, in der die Menschen als Nomaden lebten und auf Nahrungsmittel angewiesen waren, die sich im Augenblick anboten. In diese Zeit könnten auch die ersten Erfahrungen mit Pflanzen fallen, deren Verzehr Rauschzustände auslöste, so daß sich der Erfahrungszusammenhang von pflanzlichen Wirkstoffen und Rauschwirkungen ergab.

Rauschzustände werden aber nicht nur von außen durch Wirkstoffe ausgelöst, so daß es vorschnell erscheint, den Rausch allein mit Drogen in Verbindung zu bringen und gleichzusetzen mit der Vergiftung des menschlichen Organismus durch ein entsprechendes Rauschgift. Die Erfahrung zeigt, daß Rauschzustände nur bedingt mit Drogenkonsum in Verbindung gebracht werden können. Daher muß grundsätzlicher definiert werden, daß Rausch ein besonderer *Zustand zentralnervöser Erregung* ist, der vom Normalpegel sensorischer Reize abweicht und eine Bewußtseinsänderung darstellt.

Rauschzustände können durch unterschiedliche Bedingungsursachen hervorgerufen werden:

- auf *natürliche* Weise, z. B. durch einen erhöhten Sauerstoffgehalt im Blut;

- durch *bewußte Beeinflussung*, z. B. durch Zufuhr bestimmter Wirksubstanzen (Psychopharmaka, Drogen wie Alkohol oder Haschisch usw.) in den Stoffwechsel;

- durch bestimmte *psychologische Verfahren*, die *bewußtseinsverändernd* wirken, z. B. durch Reizreduktion bzw. Reizentzug – u. a. durch weitgehende Ausschaltung von

Außeneinflüssen, durch hypnotische Techniken – oder durch Reizüberflutung, wie beispielsweise durch rhythmische Stimulation bei Tanz und Musik.

Rauschzustände und andere Formen der Bewußtseinsveränderung, wie z. B. Trance oder Meditation, sind seit Jahrtausenden Bestandteile *menschlicher Kultur*. In allen Kulturen ist mit dem menschlichen Bewußtsein »experimentiert« worden, ist das Bewußtsein, auch und gerade *in der Religion*, in die Veränderungen der Ekstase, der Entrückung, der transzendentalen Anschauung geführt worden, die rituell integriert und durch bestimmte Heilslehren überhöht worden sind. Andererseits haben politische, religiöse und militärische Führer vor allem junge Menschen durch den Mißbrauch unterschiedlicher Psychotechniken der Bewußtseinsmanipulationen zur Massenhysterie oder zum kollektiven Vernichtungswahn getrieben.

Rauscherlebnisse haben ihre *negativen wie positiven Seiten* – ähnlich wie Drogen helfende und heilende, aber auch schädigende Wirkungen ausüben können. Rausch wirkt nicht nur gesundheitsschädigend, sondern kann *auch Entspannung und Lustempfinden* bedeuten: Er verfügt auch über eine Befreiungsfunktion als Alternative zu den Belastungen der Alltagswirklichkeit.

Gerade im Zusammenhang mit der Suchtvorbeugung darf nicht nur der Rausch, sondern muß vor allem die belastende Alltagswirklichkeit gesehen werden, der viele Menschen nicht oder kaum gewachsen sind. Gerade unzumutbare und entfremdende Alltagsbelastungen sind es oft, die die Menschen in ein mitunter extremes Rauschbedürfnis treiben. An dieser Stelle muß auch gefragt werden, warum denn so viele Jugendliche an Wochenenden beispielsweise in Diskotheken bei Musik, Tanz und Drogen die Alternative zum (Schul-)Alltag suchen.

Aus dem Kulturvergleich zur Frage der Verwendung und der sinnvollen, d. h. nicht schädlichen, sondern beglückenden Nutzung von Drogen, z. B. auch im Rahmen religiöser und festlicher Kultformen, ist Rausch auch immer wieder als eine *Bereicherung* der Menschen, als Transzendenzerfahrung und Zugangshilfe zum Göttlichen verstanden worden. Damit stellen kulturell eingebundene und kontrollierte Drogenkonsumformen und Rauschzustände neben ihrer entlastenden Funktion auch ausgesprochen *positive Erlebnisse* dar.

Die Ethnosoziologie lehrt, daß praktisch alle Religionen eine gewisse oder genau umrissene Unterscheidung zwischen dem sog. profanen und dem sakralen Bereich treffen, deren Grenzüberschreitung nicht ohne weiteres und selbstverständlich vollzogen werden konnte und kann, sondern mit festgelegten Riten verbunden war und ist. Das betrifft beispielsweise den Grußritus beim Betreten einer Kirche, eines Tempels, einer Moschee oder einer Synagoge oder die Übergangsriten vom Alltäglichen in die Begegnung mit dem Göttlichen, die eine neue andere Bewußtseinsebene verkörpern. Durch Fasten, Askese, Reinigungen, Isolation wie auch durch spezielle Eingangs- und Aufnahmeriten gelangt die oder der Gläubige oder zukünftige Anwärter auf eine spezielle Funktion innerhalb der Religion in den geistigen, körperlichen und sozialen Zustand der Zugehörigkeit zur Gemeinde, zu einem Orden, zu einer Priesterschaft oder in Haltungen der geistigen und geistlichen Entrückung von der Alltagswirklichkeit in einen Status hinein, in dem sie oder er sich in der Begegnung mit den Göttlichen, mit dem Ewigen und Unabdingbaren glaubt. Die Teilhabe am Heiligen ist eines der wesentlichen Ziele der Religionen, die auch als rauschhaftes Erleben, als Ekstase, als Enthebung in einen anderen Bewußtseinsstand empfunden wird.

In manchen Religionen wird der Ritus zur Erlangung dieser neuen Bewußtseinsebene der Gläubigen mit der Einnahme von bewußtseinsverändernden, halluzinogenen Drogen gestützt. Das bedeutet keinesfalls die Gleichsetzung von Drogenrausch mit religiösem Bewußtsein, macht aber klar, daß Drogen auch in der Religion eine unterstützende Funktion besitzen, die nicht das zentrale Anliegen selbst darstellt, aber zum zentralen Wunsch der Begegnung der Menschen mit dem Heiligen beiträgt. Dies wird besonders dann deutlich, wenn Rauschriten, die in einer religiösen Kultur fest eingebunden und kontrolliert ablaufen, aus ihrem soziokulturellen Kontext gerissen und damit automatisch exzessiv mißbraucht werden, weil sie ihren ursprünglichen Sinn und ihre religiös-soziale Kontrolle verloren haben. Andererseits verbietet sich eine Idealisierung des Drogenrauschs bei Naturvölkern und in den Religionen, in denen der Rausch, die Trance oder Ekstase durchaus zu seelischen, körperlichen und sozialen Schädigungen führen konnten, wie in den sog. Besessenheits- und Tanzepidemien afrikanischer Kulturen oder im exzessiven Gebrauch halluzinogener Drogen in afro-lateinamerikanischen oder asiatischen schamanistischen Kulten. Hier sind noch zahlreiche Fragen der Erforschung des Drogenrauschs und seiner anthropologischen Funktion offen.

Für die Frage nach dem Zusammenhang von Religion, Drogen und Rauscherlebnis spielen zwei grundlegende Theorien der Anthropologie eine besondere Rolle:

1. Die Erfahrung mit bewußtseinserweiternden Rauschdrogen aus der menschlichen Entwicklungsstufe der nomadisierenden Jäger und Sammler wird als Ausgang der Religion verstanden. Jedem Menschen, nicht nur den besonders visionär oder spirituell veranlagten, wird mit dem Drogenrausch der Zugang in eine andere Vorstellungswelt ermöglicht. Zugleich wird aber dieser Rausch kultiviert, d. h. auch reguliert und damit in einen bestimmten Ritus, der von besonders Kundigen wie Schamanen, Medizinfrauen oder Priestern vorgeschrieben wird, eingegossen.

2. Mit der Praxis des Drogenrauschs beginnt der Verfall der frühhistorischen Religionen. Die Vertreter dieser Theorie weisen vor allem darauf hin, daß die echte Vision und spirituelle Erfahrung in der Religion aus dem Menschen und seiner Ergriffenheit durch das Heilige selbst entsteht, während die Ekstase, Trance oder Vision aus der Rauschdroge lediglich ein biochemisches Ereignis darstellt, das von außen ausgelöst wird.

Den religiös-kulturell funktionalen Drogenrausch findet man praktisch in allen Kulturen, von primitiven Religionen bis hin zu gegenwärtigen psychologischen Richtungen, beispielsweise in folgenden Riten und Bräuchen (umfassende Übersichten und Beschreibungen bei Schmidbauer und Völger/von Welck, s. C. 13 Literaturempfehlungen):

- in den dionysischen Weinkulten Griechenlands der vordorischen Zeit, die teilweise wiederaufgegriffen werden in den mittelalterlichen Hexenkulten, in denen sich dionysische Orgien mit Fruchtbarkeitskulten und veränderten Elementen der christlichen Religion verbanden,

- im skythischen Totenkult des 6. Jh.s v. Chr., in dessen Verlauf Haschisch geraucht wurde,

- in den eleusischen Mysterienkulten des antiken Griechenlandes, in denen möglicherweise Opium und halluzinogene Stoffe zum Zweck der Entrückung verwendet worden sind,

- im Peyotl-Kult nordamerikanischer Indianer, in dem Kontemplation, Gebet und der Konsum von Peyotl die Begegnung und Erleuchtung durch den Großen Geist vermitteln,

- in mittelamerikanischen Pilzkulten der Psilocybe mexicana mit der Bezeichnung Teo-Nanacatl (Gottes Fleisch), dessen Verzehr die Menschen befähigt, mit den Göttern Kontakt aufzunehmen,

- in schamanistischen Riten, in denen mit Hilfe der halluzinogenen Wirkung des Fliegenpilzes das Reich der Ahnen und Geister erschlossen werden sollte,

- in der Verknüpfung profaner und sakraler Kultformen der Assassinen (Haschischesser), einer islamischen Religionsgruppe des 11. bis 13. Jh.s, die sich in Visionen nach dem Verzehr von Haschisch in den paradiesischen Gärten Allahs glaubte,

- in den gleichsam religiösen oder religiös wirkenden und vielfältigen Kultformen der Hippie-Bewegung der sechziger Jahre und verschiedener Haschisch-Kulturen Europas und Nordamerikas, die fernöstliche Religionselemente, philosophische und parapsychologische Ideen aufnahmen und miteinander verschmolzen,

- in der sog. Transpersonalen Psychologie, in der Esoterik und Parapsychologie, in denen Erfahrungen auch aus dem Drogenrausch (LSD oder Psilocybin) als besondere Sicht menschlicher Innenwelten, als Begegnung mit der Gottheit, als Zugang zu den Geistern Verstorbener verstanden werden,

- in der sog. Thanatologie, die die Aussagen von Menschen über ihre früheren Leben, über Karma und Wiedergeburt aufgreift – Erfahrungen, die auch über LSD und andere halluzinogene Rauschdrogen gemacht worden sind.

Rauschzustände bedeuten aber auch oft eine Störung bestimmter Ordnungen, wenn das Rauschbedürfnis ein bestimmtes, akzeptiertes Normmaß überschreitet bzw. wenn beispielsweise der Rauschzustand seines religiös-sozial funktionalen Sinns beraubt und isoliert als Selbstzweck mißbraucht wird (s. o.). Das größte Risiko besteht jedoch darin, sich im Rausch zu verlieren, im Mißlingen der *Rückkehr in die gewohnte Ordnung* des alltäglichen Lebens mit seinen Begrenzungen und Belastungen und mit seinen vielfältigen sozialen

Beziehungen. Das Risiko des Rauschs besteht weniger in seinem bloßen Vorhandensein, sondern im *Verlust des erträglichen Maßes.* Das Gelingen bzw. Mißlingen dieser Rückkehr ist im wesentlichen durch *drei Aspekte* bestimmt:

1. durch das Wesen des Rausches selbst: Handelt es sich um eine Flucht aus der Wirklichkeit, um eine bewußt gesuchte Alternative zum Alltag, um ein kultisch-rituelles Verfahren, um ein beglückendes Erfahrungsdetail in einer sinngebenden Religion oder Weltanschauung, um eine Nebenwirkung eines Medikaments, um eine Nebenwirkung einer körperlichen Anstrengung?,
2. durch seine jeweilige Intensität: Wie tief ist das Rauscherlebnis, wie beherrschend, zwingt es zur Wiederholung, wird es eher als beiläufig, als angenehm oder unangenehm erfahren? und
3. durch die Fähigkeit des Berauschten zu Selbstbeherrschung und Selbstdisziplin: Ist der Rausch ein nicht schädigendes Lebensdetail, oder nimmt er einen beherrschenden Platz im Leben ein? Ist der Rausch beherrschbar? Kann auf ihn verzichtet werden? Dient der Rausch der Lebensqualität, oder schädigt er andere Menschen?

Drogen- bzw. Suchtmittelbegriff und -übersicht

Da nicht alle Suchtformen an Wirkstoffe gebunden sind, wie z. B. die Spiel-, die Arbeits- oder die Magersucht, werden *bestimmte Suchtformen als solche gar nicht erkannt.* Beispielsweise wird die Arbeitssucht in einer Leistungsgesellschaft häufig als besonders ausgeprägte Strebsamkeit und Leistungsbereitschaft verkannt, weil für viele Menschen eine Sucht nur aus dem exzessiven Konsum eines Suchtmittels, speziell einer illegalen Droge, entstehen kann. Damit verbindet sich der im Alltagsverständnis verengte Begriff von Droge.

Doch unter *Drogen* versteht man generell alle Substanzen – meistens pflanzliche, voll- oder halbsynthetische, selten tierische oder mineralische Stoffe –, die aufgrund ihrer chemischen Eigenschaft Strukturen oder Funktionen und im Zusammenhang damit auch seelische Empfindungen im lebenden Organismus verändern und sich dabei unmittelbar *auf das zentrale Nervensystem auswirken (psychoaktive Substanzen)*. In diesem Sinne gelten Alkohol, Nikotin, Heroin, Kokain, Haschisch, Marihuana, psychotrope Arzneimittel u. a. in gleicher Weise als Drogen.

Tatsächlich stehen *Drogen*, vor allem die illegalen Suchtmittel, oft im *Vordergrund des Interesses*,

- weil sie materiell erfahrbar sind;
- weil ihre Einnahme sowohl körperliche, wie auch seelische und soziale Veränderungen bzw. Schädigungen herbeiführen kann;
- weil sie eine erhebliche wirtschaftliche Bedeutung besitzen;
- weil sie strafrechtliche Relevanz haben können und
- weil sie gerade aus diesem Grund umstritten sind.

Am häufigsten wird unterschieden zwischen den sog. *legalen*, d. h. gesetzlich erlaubten, und den sog. *illegalen,* d. h. gesetzlich verbotenen *Drogen, Rausch- bzw. Suchtmitteln.* Zu den legalen Drogen zählen neben Nikotin vor allem Alkohol und Medikamente, zu den illegalen Drogen vor allem Heroin, Kokain, die Cannabisprodukte Haschisch und Marihuana sowie LSD. Der Besitz, Erwerb und die Weitergabe dieser gesetzlich verbotenen Drogen fällt unter die strafrechtlichen Bestimmungen des *Betäubungsmittelgesetzes.* Diese verbreitete Unterscheidung von Drogen sagt nur wenig aus über deren Gefährlichkeit und Schädlichkeit.

Die Wirkstoffe der verschiedenen Suchtmittel gelangen auf unterschiedliche Weise in den Stoffwechsel des menschlichen

Organismus: durch den Magen-Darmtrakt, über die Mund-Nasen-Rachen-Schleimhäute, über die Lungen, direkt in die Blutbahn oder den Muskel oder über die Haut.

Die *Verteilung, Anlagerung und Wirkung* der Substanzen im menschlichen Organismus hängen von *mehreren Faktoren* ab:
1. von der Stärke der Durchblutung der Organe einschließlich des Gehirns,
2. von der Art der Löslichkeit der Substanz im Körper,
3. von der selektiven Speicherung des Wirkstoffs in einzelnen Organen,
4. von der Wieder- bzw. Freigabe des Wirkstoffs nach der Speicherung,
5. von der Fähigkeit des Stoffs, die Membranen zwischen Blut- oder Muskelzellen und Organen zu durchdringen.

Die *Wirkung* der Suchtmittel vollzieht sich *in unterschiedlichen Abstufungen*:
1. in der *einfachen* Wirkung: Die Substanz wird eingenommen und linear, d. h. in gleichmäßiger Steigerung und Abnahme der Wirkung vom Körper resorbiert;
2. in der *Kumulation*: Der Stoff häuft sich an, wenn mehr von ihm zugeführt als resorbiert und ausgeschieden werden kann (Speicherung). Dabei besteht die Gefahr, daß der kumulierte Stoff ohne Kontrolle und Einflußmöglichkeit des Konsumenten eine gewisse Zeit nach der Einnahme neu wirksam werden kann;
3. in der *Addition* oder *Summation*: Zwei oder mehrere Stoffe werden zusammen konsumiert, deren Wirkungen sich entweder gegenseitig abschwächen, meistens jedoch gleichbleiben oder sich addieren oder summieren;
4. in der *Potenzierung*: Beim gleichzeitigen Zusammenwirken von zwei oder mehreren Substanzen kann es über die Addition bzw. Summation hinaus zu einem progressiven Anstieg der Dosis-Wirkung-Kurve kommen.

Die beiden letztgenannten Wirkungen ergeben sich bei schädigendem Mischkonsum (*Polytoxikomanie*) wie z. B. der Kombination von Alkohol mit Schlafmitteln, von Heroin mit Beruhigungsmitteln, von Kokain mit Aufputschmitteln.

Die folgende *Drogen- bzw. Suchtmittelübersicht* gibt nur einen ersten kurzen Einblick in Arten, Anwendungsformen und Wirkungen der gebräuchlichsten Suchtmittel.

Alkohol

Trinkalkohol wird aus verschiedenen pflanzlichen Substanzen wie Obst oder Getreide hergestellt, deren Zucker oder Stärke durch Gärung zu Alkohol umgewandelt wird. Alkoholische Getränke sind weitverbreitete Genußmittel. Reiner Alkohol ist eine farblose Flüssigkeit.

Anwendung:

in Form von Bier, Wein, Sekt oder Spirituosen getrunken; oft mit Nikotin, gelegentlich mit Coffein kombiniert; Mißbrauchs- und Suchtanwendung auch in Verbindung mit Medikamenten (Schmerz-, Beruhigungs-, Schlafmittel, seltener Stimulantien).

Wirkung:

zentralerregend und -dämpfend; Anregung, gehobene Stimmung, gesteigerte Kontaktfreudigkeit, Minderung bzw. Wegfall von Hemmungen, Nachlassen des Reaktionsvermögens, Desorientierung, Kontrollverlust der Bewegungen; im Rausch nachlässige, heitere, gereizte, aggressive oder traurig-depressive Stimmungen; bei starker Dosis Bewußtlosigkeit, Lähmungen, Vergiftung bis zum Tod.

Akute Gefahren und Langzeitfolgen:

Magen- und Leberschäden, Zunahme des Krebsrisikos an Speiseröhre, Magen und Darm; Herz-/Kreislauf-Störungen und -schäden; Abbau von Gehirnzellen, Verlust des Kurzzeitgedächtnisses, langfristig auch anderer Gehirnfunktionen; Potenzverlust vor allem bei Männern; erhöhte Unfallgefährdung, z. B. bei Bedienung von Maschinen, im Straßenverkehr; Gefährdung von Ausbildungs- und Arbeitsplatz, Verelendung, Alkohol-Embryopathie in der Schwangerschaft, Tod durch Überdosis; Gefährdung und Schädigung der Umwelt durch belastende Verhaltensweisen und finanzielle Ausbeutung, Belastungen der Familie, vor allem psychosoziale Schädigungen von Kindern und Jugendlichen, dauerhafter Verlust sozialer Beziehungen.

Abhängigkeiten:

je nach Veranlagung schnelle seelische, bei längerer Gewöhnung auch schwere körperliche Abhängigkeit mit oft lebenslanger Rückfallgefährdung, eventuelle Steigerung durch zusätzliche Einnahme anderer Suchtmittel.

Nikotin

Hauptalkaloid der Tabakpflanze, deren Blatt gestoßen, geschnitten, seltener gemahlen wird, ölig-farblose Flüssigkeit.

Anwendung:

gepafft oder inhaliert als Zigarette, Zigarillo, Zigarre oder Pfeifenfüllung, seltener gekaut oder geschnupft.

Wirkung:

(in Verbindung vor allem mit Kohlenmonoxid und Teer) bei erstmaligem Konsum unter Umständen Übelkeit, Erbrechen und Durchfall; anregend und beruhigend: initiale Blutdrucksteigerung, Anregung, Verstärktung der Magensaftproduktion, bei langen hohen Dosierungen Blutdruckabsenkung, Beruhigung; Zittern; bei Vergiftung: Krämpfe und Atemlähmung, Todesgefahr.

Akute Gefahren und Langzeitfolgen:

Benommenheit, Übelkeit, Erbrechen, Durchfall, Konzentrationsminderung, Durchblutungsstörungen; in Verbindung mit Kohlenmonoxid, Teerstoffen, Nitrosaminen, Stickoxiden, Formaldehyd, Dioxinen u.a.: Herz-/Kreislauf- und Gefäßerkrankungen (z. B. Herzinfarkt, Raucherbein), chronische Bronchitis, Atembeschwerden, Lungenemphysem (Überdehnung der Lungenbläschen), Magen- und Darmgeschwüre, erhöhte Krebsgefahr vor allem der Lunge, Tod; gesundheitliche Schädigung der Passiv(mit)raucher, bei Schwangerschaft: Schädigung des Ungeborenen, Gefahr der Frühgeburt.

Abhängigkeiten:

seelisch und sozial

Arzneimittel (Medikamente)

Sie sind natürliche oder (halb)synthetische Stoffe, mit denen man in die körperlichen und seelischen Prozesse des Menschen eingreifen kann. Sie dienen in erster Linie der Heilung oder der begleitenden Unterstützung helfender und heilender medizinischer Eingriffe, werden aber auch gesundheitsschädigend mißbraucht. Suchtgefährdend wirken vor allem solche

Substanzen, die auf das zentrale Nervensystem einwirken und seelische und damit auch Verhaltensänderungen hervorrufen, die sog. Psychopharmaka. Zu ihnen gehören die Psychoanaleptika (psychisch aktivierende Substanzen, z. B. mit antidepressiver Wirkung), Psycholeptika (Substanzen mit dämpfender Wirkung: spannungslösend, angstlösend, beruhigend), Psychostimulantia/Psychotonika (Substanzen mit anregender und antriebssteigernder Wirkung).

Anwendung:

je nach Herstellungsform: flüssig, als Pulver, Tablette oder Zäpfchen, Einnahme über den Mund, den Darm, in die Vene, in den Muskel, auf oder unter die Haut gebracht / gespritzt, Einwirkung durch äußere Anwendung über die Haut oder durch Inhalation; Mischung von Wirksubstanzen durch Kombinationspräparate (z. B. Schmerzmittel mit anregenden Stoffen); Konsum kombiniert mit Rauschmitteln, teilweise zur Wirkungssteigerung oder zur Substitution (Ersatzeinnahme, z. B. Heroin mit opioidhaltigen Hustenmitteln bzw. dieses Medikament in großer Menge als Ersatz für Heroin).

Wirkung:

da sehr viele Medikamente mehrere Wirksubstanzen enthalten, entstehen kombinierte Wirkungen mit Mißbrauchsgefahren: Schmerzmittel: schmerzlindernd oder -stillend mit anregender Nebenwirkung; Schlafmittel: schlaffördernd mit beruhigender, angstlösender Nebenwirkung; Beruhigungsmittel: entkrampfend, angst- und spannungslösend mit der Nebenwirkung scheinbarer Problemlösung; Weck- und Anregungsmittel: antriebssteigernd mit der Nebenwirkung scheinbarer Leistungssteigerung.

Akute Gefahren und Langzeitfolgen:

Schmerzmittel: Koordinationsstörungen, Beeinträchtigungen des Bewußtseins, seelische Abstumpfung, Organschäden (vor allem Leber und Niere),
Schlaf- und Beruhigungsmittel: seelische Abstumpfung, Verwahrlosung, körperlicher Verfall, Atemlähmung mit Todesfolge,
Weck- und Anregungsmittel: planlose Aktivität, Angstbilder und Wahnvorstellungen, Blutdruckschwankungen, Kollaps, Depression, ständiges Mißtrauen, Organstörungen und -schäden, Verwahrlosung, körperlicher und seelischer Verfall.
Die Gefahren entstehen vor allem aus unkontrollierter und langfristiger Selbstmedikation. Besondere Gefährdungen der Abhängigkeit und Sucht bei Vergabe von Psychopharmaka an Kinder und Jugendliche.

Abhängigkeiten:

seelisch und körperlich, je nach Präparat unterschiedlich.

Schnüffelstoffe

sind leichtflüchtige Stoffe, die Dämpfe abgeben, wie Farben, Kleber, deren Verdünner sowie Benzin und Äther. Ihren Namen haben sie durch die Anwendung (»Schnüffeln«) erhalten, nicht zu verwechseln mit anderen inhalierbaren Drogen, wie z. B. Kokain. Schnüffelstoffe sind überall leicht greifbar und relativ billig zu erwerben: Nitroverdünner, Nagellackentferner, Fettlöser, Filzschreiber, Haarsprays, Kraftstoffe. Ihre Einzelbestandteile sind verschiedene Kohlenwasserstoffe, Alkohole, Ketone, Ester und Äther.

Anwendung:

einatmen, oft unter einem Tuch oder mit einer Plastiktüte über dem Kopf, sprayen in Mund und Nase.

Wirkung:

Rausch, Betäubung, Bewußtlosigkeit, Vergiftung des Blutes und innerer Organe, Erregungszustände, Euphorie, Selbstüberschätzung, unkalkulierbare Stimmungsschwankungen, Atemnot, Herzklopfen, Blutdrucksteigerung, Veränderung und Störung der Sinneswahrnehmungen, Geh-, Stand- und Bewegungsstörungen, Zustände ähnlich dem Alkoholrausch (Lallen, Torkeln).

Akute Gefahren und Langzeitfolgen:

waghalsige Unternehmungen mit eigener und Fremdgefährdung, Atemstörungen, Kehlkopfkrampf, toxisches Lungenödem, Erstickungsgefahr (Plastikbeutel über dem Kopf), Sauerstoffmangel und Atemstillstand, Bewußtlosigkeit und Koma, Herz-/Kreislauf-Störungen bis zum Herzstillstand, Krampfanfälle, Verbrennungen durch Explosion von Lösungsmitteldämpfen bei gleichzeitigem Rauchen; bei bestimmten Lösungsmitteln: Schäden am Gehirn, an peripheren Nerven und am Rückenmark, Blasen-Mastdarm-Störungen, Nierenerkrankungen, hirnorganische Wesensveränderungen; bei Schwangerschaft: Schädigungen des Ungeborenen.

Abhängigkeit:

seelisch.

Cannabis: Haschisch und Marihuana

Beide Stoffe werden aus dem indischen Hanf Cannabis sativa gewonnen, der im Vorderen Orient, in Afrika, Asien und Südamerika angebaut wird. Wirkstoff ist das Tetrahydrocannabinol (THC), das halluzinogene Wirkung entfaltet. THC ist synthetisch herstellbar. THC-Derivate kommen gelegentlich in der Medizin zum Einsatz.
Haschisch ist das Harz aus den Blütenspitzen der weiblichen Hanfpflanze, zu Platten oder Klumpen gepreßt, als Pulver oder Krümel, Farbe olivgrün, rötlich, braun bis schwarz, etwa fünfmal so wirksam wie Marihuana, die geschnittenen und getrockneten Blätter der weiblichen Hanfpflanze.

Anwendung:

geraucht, (meist in Tee) getrunken oder (mit und in Gebäck) gegessen, inhaliert.

Wirkung:

individuell sehr unterschiedlich: Euphorie, gesteigerte Kontaktfreudigkeit, Halluzinationen, Ruhelosigkeit, Antriebsverlust, Veränderung der Sinneswahrnehmung, des Raum- und Zeitgefühls, Schwindelgefühl, Übelkeit.

Akute Gefahren und Langzeitfolgen:

Sinnestäuschungen, Angstzustände, erhöhte Risikobereitschaft, Echo- und Nachhalleffekt: Auftreten der Wirkung auch ohne Einnahme infolge Speicherung und unkontrollierte Abgabe des Wirkstoffs im Körper, Nachlassen der Konzentrations- und Leistungsfähigkeit, erhöhte Unfallgefährdung im Arbeitsbereich bei Bedienung von Maschinen und im Straßenverkehr, Depressionen, Verwirrtheit, seelische Entwicklungsstörungen, möglicherweise körperliche Schädigungen, möglicherweise in Verbindung mit anderen Wirkstoffen Auslösung von Psychosen.

Abhängigkeiten:

seelisch und sozial

Heroin

wird aus Morphium gewonnen, das aus Opium hergestellt wird. Opium ist ein milchiger Saft aus der unreifen Schlafmohnkapsel, der eingedickt und zu braunen bis fast schwarzen Klumpen geformt wird. Hauptanbaugebiete des Schlafmohns liegen in Vorder- und Ostasien. Heroin ist ein halbsynthetisches Derivat aus Morphin, ein weißes bis beiges oder hellbraunes Pulver (oder auch Körnchen).

Anwendung:

aufgelöst und in die Vene gespritzt, geschnupft oder geraucht (seltener), gelegentlich im Wechsel mit Kokain und mit Medikamenten konsumiert.

Wirkung:

Beeinflussung des zentralen Nervensystems, Beruhigung, Senkung des Schmerzempfindens, starke Euphorie, gesteigertes Selbstbewußtsein, Abschwächung der Sinneswahrnehmungen, gelegentlich Ängstigungen, schnelle Gewöhnung, bei Absetzen starke Entzugserscheinungen.

Akute Gefahren und Langzeitfolgen:

Persönlichkeitsveränderungen: reizbar, aggressiv, egozentrisch, Verwahrlosung und Verelendung, bleibende Gehirnschäden, Magen- und Darmstörungen, Leberschäden, Zerstörung des Gebisses, Kieferdeformation, Suizidgefahr; bei Schwangerschaft: Schädigung des Ungeborenen und körperliche Abhängigkeit des Neugeborenen; Atem- und Herzlähmung mit Todesfolge durch Überdosierung, durch Beimengung von Streckmitteln Vergiftungsgefahr, Wirkungssteigerung durch Medikamente, Gefahr der Vergiftung mit Todesfolge; Schädigung und Gefährdung der Umwelt: Verwahrlosung, Kriminalität, Prostitution, finanzielle Belastung der Angehörigen – mit starker Eigengefährdung.

Abhängigkeiten:

seelisch und körperlich, hoher Risikograd.

Kokain

Cocainhydrochlorid wird als Wirkstoff aus den Blättern des südamerikanischen Kokastrauchs gewonnen. Kokain ist ein weißes kristallines Pulver.

Anwendung:

als Pulver geschnupft, in Wasser aufgelöst, injiziert (seltener), auch im Wechsel mit Heroin und in Kombination mit Medikamenten konsumiert.

Wirkung:

Übererregung des Zentralnervensystems, aufputschend, leistungssteigernd, gesteigertes Rede- und Kontaktbedürfnis, Minderung von Hemmungen bis zur Hemmungslosigkeit, Betäubung von Hunger- und Durstgefühl, Müdigkeit, gesteigerte Glücksgefühle.

Akute Gefahren und Langzeitfolgen:

Herzschwäche, Atemstörungen, Leberschäden; Zerstörung der Nasenscheidewand, Bildung von Entzündungen und Geschwüren um die Nasenlöcher, Schwellung der Nasen- und Rachenschleimhäute infolge des Kokain-Schnupfens; Depressionen, Halluzinationen und paranoide Zustände, Schlaflosigkeit, Persönlichkeitsveränderung, Verwahrlosung und körperlicher Verfall, tödliche synergistische Verbindung mit anderen Wirkstoffen, sehr schnelle Gewöhnung und Dosissteigerung bei gleichbleibender (geringer) tödlicher Dosis, Atemlähmung und/oder Herzversagen, Tod.

Abhängigkeit:

seelisch

LSD (Mescalin, Psilocybin)

Lysergsäurediäthylamid – natürliches Vorkommen als Lysergsäure im Mutterkorn – ist ein synthetisches Halluzinogen. LSD verstärkt die Wirkung anderer halluzinogener Drogen, wie Mescalin (Wirkstoff aus dem Peyote-Kaktus, in Europa seltener, auch synthetisch produzierbar) und Psilocybin (Wirkstoff aus dem gleichnamigen Pilz, sonst wie Mescalin).

Anwendung:

als Lösung aus Tabletten, in Kapseln oder auf Trägern wie Zuckerwürfel, Löschpapier o. a. geschluckt.

Wirkung:

bereits Milligramm-Mengen bewirken heftige Halluzinationen (vor allem optisch, akustisch), starke nervliche Erregung mit heftigen Gefühlsschwankungen.

Akute Gefahren und Langzeitfolgen:

erhöhte Risikobereitschaft, unerwartete und unkontrollierbare Handlungen mit der Gefahr der Fremdschädigung, Suizidgefahr, Echo- und Nachhalleffekt (s. Haschisch), Horrortrip (Wahnvorstellungen), Psychosen, Realitätsverlust.

Abhängigkeit:

stark seelisch je nach Disposition und Umständen.

Designerdrogen (z. T. sog. »Partydrogen«)

sind in Drogenlabors durch Molekülvariationen von Arznei- oder klassischen Rauschmitteln hergestellte Drogen der »Neuen (Zweiten) Generation«: relativ preiswert, massenhaft zu produzieren, mit großen Gewinnspannen, jederzeit durch entsprechendes Wirkdesign an gesetzlichen Bestimmungen vorbei in fast beliebiger Zahl zu variieren.

Der Überblick ist kaum möglich, doch lassen sich bestimmte Gruppen der Substanzen zusammenfassen: die Amphetamine (häufige Bezeichnung Speed, Ecstasy/XTC ist eine der bekanntesten Designerdrogen), die Phencyclidine/Tryptamine (in der Drogenszene bekannt als PCP und Angel Dust, LSD- und Psilocybin-ähnlich) und die Fentanyle/Prodine (als MPPP/ MPTP – »neues Heroin« gehandelt).

Anwendung:

geschluckt, gespritzt, geschnupft, geraucht, auf die Haut gebracht.

Wirkung:

Amphetamine: Euphorie, Anregung, Lustgefühle, Körpersensationen, Leistungssteigerung, Selbstüberschätzung, Dämpfung des Hungergefühls, Herabsetzung des Schlafbedürfnisses, Unruhe, Gereiztheit, Nervosität; Phencyclidine/Tryptamine: ähnlich LSD, Halluzinationen, Verzerrung der Sinneswahrnehmung, Desorientierung, Bewußtlosigkeit, Wechsel zwischen Euphorie und Dysphorie, Selbstüberschätzung; Fentanyle/Prodine: ähnlich wie Heroin, in der Wirkung mehr als tausendfach stärker.

Akute Gefahren und Langzeitfolgen:

Amphetamine: Erschöpfungszustände, Kollaps, körperlicher Verfall, Bewußtseinstrübungen, Herz-/Kreislauf-Schäden, unkalkulierbare Gefahren aus dem Mischkonsum mit anderen Wirksubstanzen; Phencyclidine/Tryptamine: Bewußtlosigkeit, Aggressivität, delirante Zustände, Realitätsverlust, Störungen der Motorik, Paranoia, Echoeffekt; Fentanyle/Prodine: s. Heroin, Nebenwirkungen ähnlich dem Parkinsonschen Syndrom (u.a. Schüttellähmung, unheilbar), Tod.

Abhängigkeiten:

Amphetamine: seelisch, andere seelisch und körperlich.

Crack

Eine besondere Rolle spielt die Droge Crack, die manche als eine Art Vorläuferin der Designerdrogen bezeichnen möchten. Streng genommen ist Crack den Designerdrogen aber nicht zuzuordnen, sondern ist eine Mischung (durch Erhitzen) aus Kokain mit Natriumbikarbonat oder Ammoniumhydroxid (»Backpulver«). Crack hat in Deutschland vor allem auf die verhängnisvolle Wirkung von Mischdrogen aufmerksam gemacht.

Anwendung:

geschnupft, geraucht, gelegentlich injiziert.

Wirkung:

teilweise ähnlich dem Kokain, aber sehr viel schneller und heftiger einsetzend, schwerer Rausch mit Bewußtseinsstörungen und Ohnmacht / Koma.

Akute Gefahren und Langzeitfolgen:

infolge des Rauchens schwere Lungenschäden mit erhöhter Anfälligkeit für Lungenerkrankungen aller Art, Herzschäden / -infarkt durch starken Sauerstoffbedarf beim Rausch, Atmungskollaps mit Erstickungsgefahr, dauerhafte Hirnschäden; bei Schwangerschaft: schwere körperliche und geistige Schädigung des Ungeborenen, Tot- und Fehlgeburten.

Abhängigkeit:

seelisch, sehr hohes Risikopotential.

3 Pädagogische Konsequenzen: Grundsätze der Sucht- und Drogenvorbeugung

Klärung des Begriffs der Suchtvorbeugung

In der Präventionsdiskussion zeichnet sich der Trend ab, alles, was in irgendeiner Weise zur Persönlichkeitsentwicklung und -stärkung, zur Identitätsfindung und Sinngebung im Leben der Menschen beiträgt, auch als Suchtvorbeugung zu bezeichnen. So sehr es berechtigt ist, Suchtvorbeugung in ihrem ganzheitlichen Verständnis auch auf jene Bereiche menschlichen Lebens zu beziehen, die nicht unmittelbar mit Abhängigkeit und Sucht zusammenhängen (als Primärprävention, s. u.), so muß doch nach dem *Spezifikum der Suchtvorbeugung* gefragt werden. Denn Suchtprävention kann nicht generell mit pädagogischem Handeln gleichgesetzt werden.

Suchtvorbeugung bedeutet *immer eine Antizipation künftiger Gefahren*, aus der sich die gefährdungsvermeidende Maßnahme ergibt. Und das gilt nicht generell für pädagogisches Handeln – auch nicht für *Gesundheitsförderung, die im Gegensatz zur Prävention zunächst die Antizipation künftiger Möglichkeiten und Chancen* durch unterstützende Maßnahme besagt. Für die Praxis bedeutet das, daß die Organisation von Gesundheit eine andere Denk- und Organisationsstruktur benötigt als die aus Gefahr und Krankheit resultierende, d. h. daß

Gesundheitsförderung sich an Modellen orientieren muß, die vor allem *emotional positiv besetzt* sind. Demgegenüber kämpft *Suchtvorbeugung gegen existentielle Bedrohungen und verhindert deren schlimmste Folgen.*

Diese Gegensätzlichkeiten müssen in der Alltagsarbeit gesehen werden, weil sich sonst auch die besonderen Notwendigkeiten, Bedingungen und Belastungen der Suchtvorbeugung nicht bewußt machen lassen. Würde man nämlich Vorbeugung einfachhin mit Gesundheitsförderung gleichsetzen, fände man die adäquaten Ansätze und Methoden nicht, um speziellen Suchtgefährdungen beizukommen. Auch wenn Prävention zugleich immer auch einen Beitrag zur Gesundheit darstellt, behält sie doch stets die genannten Besonderheiten.

Vorbeugung wirkt nur dann konsequent, wenn sie an erster Stelle die Gefährdung, Bedrohung, das Elend der Sucht mit allen Folgeerscheinungen in den Blick nimmt. Dazu gehört auch die Auseinandersetzung mit der gesamten Drogenproblematik einschließlich Kriminalität, Prostitution, psychosozialer und wirtschaftlicher Verelendung. Genau diese Themen gehören eben nicht zur Alltagspädagogik, sondern machen einen speziellen Sektor pädagogisch verantwortlichen Handelns aus.

Die Eckwerte der Suchtprävention:
Gefährdungsvorbeugung und Kompetenzerwerb

Es ist sinnvoll, *den positiven, lebensbejahenden Schwerpunkt der Gesundheitsförderung und -erziehung mit dem negativen, vermeidenden Schwerpunkt der Suchtvorbeugung unter der beide verbindenden Perspektive sinngebender, verantwortlicher Lebensgestaltung zusammenzufassen.* Damit wird Suchtprävention ein wesentlicher Teil, gleichsam eine eigenständige Komponente einer Lebensgestaltung, in der Menschen bemüht sind, im weitesten Sinn gesund zu leben und Gefährdungen und Bedrohungen zu vermeiden oder zu minimieren.

Unter diesem Vorzeichen ist ein gesundes und sinngebendes Leben nicht einfachhin nur als ein Zustand zu sehen, sondern bezeichnet einen *Prozeß*, in dem immer wieder ein *dynamisches Gleichgewicht zwischen seelischem, körperlichem und sozialem Wohlbefinden* (als ganzheitlich verstandener Gesundheit) ausbalanciert werden muß. In diesem Sinne bedeutet sinngebende verantwortliche Lebensgestaltung zum einen bewußte Förderung des Wohlbefindens und zugleich präventive Abwehr der Zerstörung des seelisch-körperlich-sozialen Gleichgewichts. Suchtprävention hat damit die umfassende, d. h. ganzheitliche Aufgabe, im Zusammenspiel mit Gesundheitsförderung eine menschliche Lebensgestaltung zu unterstützen. Sie übernimmt damit gewissermaßen den *defensiven Part der Gefahrenabwehr und Schadensbegrenzung*, die insofern lebens- und überlebenssichernd wirkt, als sie der Situation Rechnung trägt, daß menschliches Leben niemals frei von Risiken und Bedrohungen sein kann. Suchtvorbeugung ist also nicht allgemein-pädagogisches Handeln, sondern schwerpunktmäßig sekundärpräventiv orientiert, während der Gesundheitserziehung eine überwiegend primärpräventive Aufgabe zufällt.

Für die Schule ist das aus pädagogischer und mitmenschlicher Verantwortung den Schülerinnen und Schülern sowie deren Eltern gegenüber zu verstehen ganz generell als die Förderung umfassender Kompetenzen im Rahmen einer sinnorientierten und sinngebenden Lebensgestaltung. Auf die Suchtvorbeugung hin differenziert bedeutet das die Vermittlung personaler und sozialer Kompetenz:

1. Die Förderung *emotionaler Kompetenz*, die die Menschen befähigt, Gefühle, Wünsche und Interessen in Abwägung

der eigenen wie auch der Rechte anderer Menschen verantwortlich zu leben.

2. Die Vermittlung und der Erwerb von *Sachkompetenz*, die mit emotionaler Kompetenz zum sachgerechten Umgang mit Erfahrungen und Informationen zum eigenen und zum Nutzen anderer befähigt.

3. Die Gewährleistung der *Handlungskompetenz*, die als Konsequenz aus psychosozialer und Sachkompetenz das eigene Leben selbständig und sozial verantwortlich gestalten läßt, und zwar im fairen Ausgleich der eigenen und der Interessen anderer.

Der Erwerb von Kompetenzen zur Vorbeugung gegen Suchtgefahren sollte nicht erst im Moment unmittelbarer Gefährdung von Kindern, Jugendlichen und Erwachsenen ansetzen, sondern *bereits im frühen Lebensalter* sucht- und drogenunspezifisch wirken.

Aufgabenfelder und Ebenen der Suchtvorbeugung

Als die klassischen Aufgabenfelder der Suchtvorbeugung werden meistens Familie und Schule verstanden, aus denen sich auch das Beziehungsdreieck Schüler/in – Eltern – Lehrkräfte ergibt. Diese Koordination wird in den letzten Jahren durch Kindergarten und durch außerschulische Bereiche der Jugendarbeit ergänzt. Grundsätzlich kann kein Sozialisationsbereich der Kinder und Jugendlichen aus der Vorbeugungsarbeit ausgeschlossen bleiben.

Generell lauten die Aufgaben auf den verschiedenen Ebenen der Suchtvorbeugung:

* *auf der 1. Ebene der Primärprävention:*
  sucht- und drogenunspezifische Vorbeugung als Förderung der Persönlichkeitsentwicklung und allgemein als Stärkung der Persönlichkeit. Dabei ist grundsätzlich kein Lebensalter

und Lebensbereich, kein Lern- und Erfahrungsfeld der Menschen ausgeschlossen:
z. B. in der Familie, in der Kindergruppe, in Spiel- und Freizeitgruppen, in der Schule, in Jugendzentren ..., durch Eltern, Verwandte, Freunde, Erzieherinnen, Betreuer, Beraterinnen, Familienpfleger ...

- *auf der 2. Ebene der Sekundärprävention:*
  Vorbeugung als Maßnahmen gegen Suchtgefährdungen: für Raucher, Probiererinnen, Spielhallen-, Gaststättenbesucher, Alkohol-, Medikamentenkonsumentinnen ... Dabei werden Gefahren zum einen durch psychosoziale Stützung, Optimierung der personalen Kompetenzen und durch Aufklärung so weit wie möglich neutralisiert, zum anderen suchtfördernde Strukturen in der Lebensumwelt bekämpft bzw. verändert:
  z. B. in der Familie, in der Schule, in Beratungsstellen, bei Krankenkassen, bei der Polizei, in Vereinen, Jugendzentren ... durch Eltern, Lehrkräfte, Schulpsychologinnen, Jugend- und Drogenberater, Sozialarbeiterinnen, Ärzte, Krankenkassen, Polizeibedienstete, Selbsthilfegruppen ...

- *auf der 3. Ebene der Tertiärprävention:*
  Vorbeugung als Krisenintervention und -bewältigung und als Rückfallvorbeugung für ehemalige Abhängige und Suchtkranke durch Maßnahmen der Beratung, Therapie und Rehabilitation:
  z. B. im psychiatrischen Krankenhaus, in Therapie- und Nachsorgeeinrichtungen, in Beratungsstellen, in Selbsthilfegruppen, im Beruf, in der Freizeit, in sozialen Einrichtungen ... durch Arzt, Therapeutin, Sozialarbeiter, Sozialpädagogin, Laienhelfer, Nachsorgewohngemeinschaft, Selbsthilfegruppe, Berufsberaterin, Kollegen, Freunde, Partner, Familie...

Eine der entscheidenden Voraussetzungen wirkungsvoller Vorbeugungsmaßnahmen – unabhängig davon, auf welcher

Ebene und in welchem Aufgabenfeld sie geleistet werden – ist die *Sicherung und Kontinuität qualifizierter sozialer Beziehungen.* Denn diese müssen gewährleisten, daß mit dem Erwerb der Kompetenzen die Ich- und soziale Identität, die personale Stärke der einzelnen gefördert werden mit Blick auf die verantwortliche Gestaltung des eigenen und des Lebens anderer.

Leitorientierungen kinder- und jugendgerechter Suchtvorbeugung

Suchtvorbeugung muß den Leitlinien folgen, die an den Wünschen und Bedürfnissen der Kinder und Jugendlichen in ihrer Umwelt orientiert sind und für die möglichen Gefährdungssituationen ganzheitlich helfend, heilend und sinnorientierend Zielpunkte anvisieren:

- »Wie es mir geht – im Zusammenleben mit anderen.« *(Psychosozialer Ansatz),*

- »Es gibt kein isoliertes Suchtproblem.« *(Ganzheitlichkeit),*

- »Sucht hat viele Ursachen.« *(Ursachenbezug),*

- »Gesunde Lebensbedingungen schaffen.« *(Ökologischer Aspekt),*

- »Wie erhält mein Leben einen Sinn?« *(Sinnorientierung).*

1. Suchtvorbeugung verfolgt einen psychosozialen Ansatz.

Das bedeutet, daß in erster Linie die seelischen Befindlichkeiten der Kinder und Jugendlichen in ihrem sozialen Umfeld zu berücksichtigen sind. Erst dann dürfen andere, z. B. institutionelle und juristische, Belange miteinbezogen werden. So muß beispielsweise zuerst nach der seelischen und körperlichen Gesundheit und nach der Qualität der sozialen Beziehungen eines Jugendlichen mit auffälligem Verhalten gefragt werden, bevor nach der schnellen Durchsetzung der Schulordnung gerufen wird. Das Prinzip der psychosozialen Orientierung bedeutet nicht, daß aus falscher Rücksichtnahme eine Sucht oder Suchtgefährdung toleriert wird, sondern daß bei allen Aktionen und Maßnahmen die Persönlichkeit, also auch die Personwürde der oder des einzelnen im Vordergrund steht und daß beispielsweise drogenpolitische Belange des Staates nachrangig zu sehen sind.

2. Suchtvorbeugung ist eine ganzheitliche Gefährdungsvermeidung und Gesundheitsaufgabe.

Nach dem Prinzip der Ganzheitlichkeit sind alle Lebensbereiche und -vollzüge des Kindes und Jugendlichen zu berücksichtigen, da Sucht und Suchtgefährdung immer durch verschiedene Faktoren begründet sind. So kann beispielsweise ein fachlich noch so qualifizierter Unterricht über Sucht und Drogen allein eine Gefährdung nicht vermeiden, wenn ein Schüler im Elternhaus massiven Suchtgefährdungen durch exzessiven Fernsehkonsum und regelmäßigen Alkohol- und Nikotinkonsum der Familienangehörigen ausgesetzt ist. Hier wären koordinierte Beratung und Hilfen, z. B. durch Schule, Elternhaus, Beratungsstelle und Jugendamt erforderlich.

3. Suchtvorbeugung muß ursachenorientiert vorgehen.

Vorbeugungsmaßnahmen setzen am wirkungsvollsten an den Ursachen von Sucht und Suchtgefährdung an, d. h. eine bloße Symptomkurierung ist wenig wirkungsvoll, weil sie bestenfalls Scheinerfolge kurzfristig vortäuschen kann, aber keine effektive Abhilfe schafft. So bedeutet es z. B. bloße Augenwischerei, wenn man durch Verbote den Haschischkonsum von

Schülerinnen und Schülern auf dem Schulhof unterbindet und an andere Orte verdrängt, anstatt durch schülerorientierte Arbeit den Konsum und die eventuell vorhandene Abhängigkeit problematisiert und zu überwinden sucht.

4. Suchtvorbeugung muß eine *ökologische Perspektive* haben.

Sinnvolle und einsichtige Präventionsarbeit ist kein Sonderreservat oder eine Isolierstation der Pädagogik, sondern hat Anteil an der Sicherung eines wertvollen und gesunden Lebens. Gerade mit Blick auf die Gesundheitserziehung und -förderung ist die Vorbeugung ein integrativer Bestandteil verantwortlichen Umgangs mit sich selbst und mit anderen Menschen. So ist es beispielsweise unglaubwürdig, wenn Erwachsene von Kindern und Jugendlichen eine gesundheitsbewußte Abstinenz von Drogen verlangen, selbst aber mit nachhaltiger Wirkung die heutige Umwelt aller und die zukünftigen ökologischen Lebensgrundlagen der Kinder gefährden und zerstören.

Diese vier Aspekte weisen wieder darauf hin, daß Suchtvorbeugung zum einen nicht einfach, billig und schnell zu leisten ist, wenn die akute Gefährdung bereits gegeben ist. Sie ist vielmehr ein mühevolles und kostentreibendes Unternehmen, vor allem dann, wenn durch vielfältige und langjährige Fehler der Erwachsenen Kinder und Jugendliche schweren Suchtgefahren ausgesetzt sind. Andererseits ist Vorbeugung aber dann am leichtesten und zugleich wirkungsvollsten, wenn Pädagogik und Politik das Prinzip der Kinder- und Jugendfreundlichkeit unbedingt gelten lassen. Ganz sicher werden pädagogische und politische Anstrengungen aus humanitärem Impuls die Suchtprobleme nicht komplett aus der Welt schaffen können (s.o. Ursachen), könnten sie aber doch erheblich mindern.

5. Suchtvorbeugung bedarf der Sinnorientierung für das eigene Leben.

Gleichsam das Herz der Suchtvorbeugung ist die Sinnorientierung für das eigene Leben. Denn wo kein Sinn gesehen wird, versagen die besten didaktischen Entwürfe und aufwendigsten Methoden. Auf die Sinnsuche der Kinder und der Jugendlichen kann aber nicht glaubwürdig mit Appellen und moralischen Anweisungen geantwortet werden, sondern Sinnvermittlung besteht im Angebot eines Lebens, das zu leben sich lohnt, mit anderen Menschen zusammen, mit einer Tätigkeit, die mit Freude und Stolz erfüllt, in einer Lebenswelt, die viele Möglichkeiten der Eigenverantwortlichkeit und Selbstgestaltung bietet. Gerade in der Diskussion, Klärung, Vermittlung von Sinnangeboten besitzen die sog. weltanschaulichen Fächer, insbesondere Religion und Ethik, eine besondere Chance, Perspektiven der Sinnerfüllung gegen Gefährdungen der Kinder und Jugendlichen aufzuzeigen.

Methodische Orientierung: Ansätze und Wege der Suchtvorbeugung

Entsprechend dem komplexen Ursachenzusammenhang von Abhängigkeiten und Sucht kann die Vorbeugung nicht nur einer Personen- oder Berufsgruppe zugewiesen oder vorbehalten werden. Ebensowenig kann eine wirkungsvolle Suchtvorbeugung auf nur eine methodische Konzeption reduziert werden, wie dies teilweise in der Vergangenheit geschehen ist und in den häufigen Forderungen nach den schnellen Lösungen immer wieder zu vernehmen ist. Man kann im Rückblick für die Suchtprävention im wesentlichen vier ineinander greifende Phasen erkennen:

1. Phase: ca. 1965 bis ca. 1970

Die bisherigen Methoden im Umgang mit der Abhängigkeit von Alkohol, Nikotin und Medikamenten erwiesen sich mit dem Aufkommen illegaler Drogen und Drogensubkulturen – auch im Zusammenhang mit der Studentenbewegung, mit zunehmender politischer Aktivität von Jugendlichen und jungen Erwachsenen – als wenig wirksam. Die verständlichen, aber wenig effektiven Reaktionen im damaligen »Establishment« bestanden hauptsächlich in der *Mobilisierung von Ängsten und in Abschreckungsstrategien* gegen die »neuen« Drogen, in der Androhung von *Sanktionen* und, bedingt durch die Bestimmungen des Betäubungsmittelrechts, die Mobilisierung der Polizei für Kampagnen gegen den illegalen Drogenkonsum, wobei die legalen Drogen oft weitgehend vernachlässigt wurden. Dies war die Zeit, in der die offenbar unausrottbare Behauptung vom Haschisch als der Einstiegsdroge in Sucht und Tod geboren wurde und aus der sich eine gewisse Kritiklosigkeit gegenüber Alkohol, Nikotin und suchtpotentiellen Medikamenten bis heute bewahrt hat.

2. Phase: ca. 1975 bis ca. 1980

Die »Abschreckungsaufklärer« stellten jedoch sehr bald fest, daß Horrorbilder der skelettierten Fixerhand mit der Spritze, des Raucherbeins oder hilfloser Betrunkener eher das Gegenteil bewirkten, nämlich Verdrängung und Ungläubigkeit. So folgte dieser Abschreckunsphase allmählich das Bemühen um eine *versachlichte Aufklärung*, bei der Sachinformation im Vordergrund stand, die allerdings häufig in eine reine *Stoffkunde* über verschiedene Drogen, meistens die illegalen, ausartete. Auch diese Phase hatte in ihrer Einseitigkeit deutliche Nachteile: Zum einen wurde vor allem bei Jugendlichen erst *Neugier* geweckt, zum anderen wirkte die Sachlichkeit der bloßen Information unwirklich, d. h. die Jugendlichen wurden nicht in ihrer Lebenswirklichkeit betroffen, es fehlte an der notwendigen Emotionalität, aus der auch engagiertes Interesse für Vorbeugung entstehen kann. Man merkte schließlich, daß diese Aufklärungsphase eher erwachsenenorientiert war und überintellektuell wirkte, aus dem Glauben entstanden, Sachkenntnis könne ohne weiteres in Handeln umgesetzt werden.

3. Phase: ca. 1980 bis ca. 1985/90

Der betonten Abschreckung und nachfolgenden Aufklärung folgte der Versuch, stärker adressatenorientiert zu arbeiten, d. h. beispielsweise die Jugendlichen in ihrer Lebens-, Erfahrungs- und Erlebniswelt »abzuholen«, sie zu verstehen, sich mit Vorbeugungsmaßnahmen an ihrer Persönlichkeit und Bereitschaft zur Vorbeugung zu orientieren.
Wesentliche Elemente dieser Phase sind *die Konzentration auf die gesamte Suchtproblematik, das intensive Eingehen auf die Adressaten, die Herstellung von Betroffenheit, das gemeinsame Lernen*, aus dem Selbsterkenntnis und Fähigkeit zum Handeln erwachsen sollen. Hier treten zu sekundär- nun auch verstärkt primärpräventive Maßnahmen hinzu.

4. Phase: ab ca. 1985/90

Ende der achtziger Jahre treten neben die verstärkte Akzeptanz der Primärprävention nun die deutliche Orientierung auf den *Gesundheitssektor* hinzu. Man hat erkannt, daß Suchtprävention um so mehr an den Rand gesellschaftlicher Aufmerksamkeit gerät, je intensiver sie sich als autonomes Gebiet darstellt. Dagegen wird jetzt mehr betont, daß Suchtprävention ein Teilbereich der Gesundheitsförderung und -erziehung sein sollte und damit integriert ist in ein allgemeines Bemühen um Gesundheit. Vertreter dieser Richtung gestehen zu, daß

Suchtprävention auf diese Weise zwar einen Teil ihrer Eigenständigkeit verliere, aber um den Vorteil eines tatsächlichen oder erhofften *Zuwachses an Akzeptanz und Achtung* durch Integration in bzw. durch Verbindung mit gesundheitsfördernden und -erzieherischen Konzeptionen.

Die unterschiedlichen Ansätze zur Suchtvorbeugung hängen teilweise auch von den unterschiedlichen, oft stark berufsbezogenen Sichtweisen des Sucht- und Drogenproblems ab. In der gegenwärtigen Präventionspraxis, wie sie auch in den Schulen zu finden ist, sind im wesentlichen *drei Richtungen* auszumachen, bei denen die Haupttrends der o. g. Phasen unschwer wiederzuerkennen sind.

1. Richtung: Stoff- bzw. Drogenorientierung

Bevorzugte Maßnahmen: Informationen über Drogen und deren Wirkzusammenhänge als Drogenkunde; furchterregende Darstellungen der Drogensucht und deren Folgen – überwiegend mit starker Betonung der illegalen Stoffe.
Hauptzielsetzung: Drogenabstinenz durch Information, vor allem aber durch Warnung und Abschreckung.
Problematik: einseitige Stoffixierung; Doppelmoral der Überbetonung illegaler Drogen; Vermittlung von Scheinsicherheit durch Kenntnisse; einseitige kognitive Ausrichtung; Weckung von Neugier bei Kindern und Jugendlichen; Faszination durch Horrorszenarien vor allem aus dem Bereich der illegalen Drogen; Verdrängungseffekte bei Abschreckungsbildern; Vernachlässigung psychosozialer Zusammenhänge; fehlender Ansatz der Verhaltensübung für Kinder und Jugendliche.

2. Richtung: Verhaltensorientierung

Bevorzugte Maßnahmen: Werbung für eine positive emotionale Besetzung der Abstinenz von allen Suchtmitteln durch Imageumkehr.
Hauptzielsetzung: Alternativen zur Abhängigkeit von legalen wie illegalen Stoffen sowie zur stoffunspezifischen Abhängigkeit.
Problematik: Mangel an realen Verhaltensalternativen in der Gesellschaft; Mangel an Möglichkeiten zum Verhaltenstraining im Alltag angesichts vielfältiger Suchtangebote im Erfahrungsbereich von Kindern und Jugendlichen; Gefahr der Entmündigung von Jugendlichen durch Zuweisung einer Rolle.

3. Richtung: Ursachenorientierung

Bevorzugte Maßnahmen: Vermittlung personaler und sozialer Kompetenzen in allen Lebensbereichen mit dem Schwerpunkt Primärprävention.
Hauptzielsetzung: Förderung der Persönlichkeitsentwicklung und Stabilisierung der Persönlichkeit; Vernetzung aller Erfahrungs- und Lernsituationen zum Zweck der Vorbeugung.
Problematik: zu starke Gewichtung der Verantwortung des Individuums, Gefahr der Vernachlässigung gesellschaftlich und politisch bedingter Suchtmechanismen; umfassende Ursachenorientierung als überfordernder Anspruch an die einzelnen wie auch an bestimmte Sozialisationsinstanzen wie Familie und Schule.

Keine dieser drei skizzierten Richtungen läßt sich uneingeschränkt verwirklichen, wenn auch bestimmte einflußreiche gesellschaftliche Gruppen die eine oder andere Konzeption favorisieren. So neigen Polizei und Justiz wie auch viele Politiker der Methode der Drogenkunde und Maßnahmen der Abschreckung zu als den wohl eher kurzfristig öffentlichkeitswirksamen, finanziell und organisatorisch am wenigsten aufwendigen Vorgehensweisen. Dagegen sind Verhaltens- und Ursachenorientierung als Leitlinien der Suchtvorbeugung ungleich schwerer zu verfolgen; denn sie sind wenig spektakulär und kaum medienwirksam, langfristig, vielfach kompliziert in ihrer Struktur und kleinschrittig angelegt. Außerdem sind ursachenorientierte Präventionsmaßnahmen gegen die gesellschaftlichen Tabus der legalen Drogenprofite der Wirtschaft gerichtet, verfolgen einen innovativ-kritischen Kurs gegen gesellschaftliche Suchtstrukturen und werden daher oft angefeindet vom Stammtisch bis zur Pharma- und Alkoholindustrie. Und schließlich ist Suchtvorbeugung Aufforderung und Verpflichtung an die Adresse eines jeden und einer jeden einzelnen, gerade auch in der kritischen Nachfrage nach eigenen Konsum- und Genußgewohnheiten. Und gerade das erscheint vielen Menschen in einer konsumorientierten Gesellschaft als Angriff gegen das eigene (Konsum-)Lebensglück.

Aus diesen drei Richtungen der Suchtvorbeugung erscheinen folgende Schritte für *ganzheitliche Maßnahmen* als sinnvoll:

1. Ein gewisses Maß an *Information über Suchtmittel und diesbezügliche Sachthemen* ist für die Vorbeugung unerläßlich. Dennoch darf die sog. Drogenkunde die Präventionsarbeit nicht beherrschen und schon gar nicht auf illegale Stoffe reduziert werden.
2. Ganz sicher ist eine *Imageumkehr* dort gefragt, wo bereits akute Gefährdungen durch bestimmte genuß- und gesundheitsschädigende Verhaltensweisen bestehen. Auch ist die Einübung in nichtgefährdende Verhaltensweisen erforderlich und möglich, wenn auch in einer suchtorientierten Gesellschaft nicht gerade einfach. In diesem Zusammenhang ist allerdings das gute Vorbild der Erwachsenen unerläßlich.
3. Eine *ursachenorientierte Suchtvorbeugung* ist dort am erfolgreichsten, wo Veränderungen im sozialen Nahraum

gelingen, die die verantwortungsfördernde Kommunikation begünstigen und gefährdende Bedingungen überwinden helfen.

Geht man vom *ganzheitlichen Verständnis* der Suchtprävention aus, das zugleich *psychosozial* und *ursachenorientiert* ist, so erscheinen folgende Präventionsmaßnahmen – hier noch einmal kurz zusammengefaßt – als wenig sinnvoll:

Nicht empfehlenswerte Präventionsmaßnahmen

Abschreckung vor den Folgen der Sucht und des Drogenkonsums:
denn drastische Bilder und Szenarien führen eher zur Verdrängung der negativen Eindrücke als zu sachlicher Auseinandersetzung und Einsicht, fördern eher die Neugier und reizen unter Umständen zur Nachahmung.

Androhung und Praxis von Sanktionen:
denn sie blockieren meistens die Wahrnehmung und Einschätzung von Suchtgefahren, weil sich Aggressionen oder Furcht infolge der Androhung von Strafen eher auf die bedrohenden Personen konzentrieren.

Liebes- und Kontaktentzug:
denn dadurch wird die Persönlichkeit der Gefährdeten oder Betroffenen eher geschwächt, anstatt sie gegen Gefahren zu stärken und damit Aktivkräfte für die eigene Lebensgestaltung freizusetzen.

Soziale Ausgrenzung:
denn sie führt häufig in eine Szene oder Subkultur als Ersatzmilieu, in der die Gefährdungen zunehmen.

Dagegen haben sich folgende kommunikative Maßnahmen als sinnvoll erwiesen:

81

Empfehlenswerte Präventionsmaßnahmen

Liebevolle Erziehung zur Selbsthilfe und Verantwortung:
denn sie fördert insgesamt die Persönlichkeitsentwicklung eines Menschen.

Stärkung der Persönlichkeit:
denn eine starke und stabilisierte Persönlichkeit vermag eigene Kräfte gegen Suchtgefahren zu setzen.

Gewährleistung von Hilfen:
dürfen als Hilfe zur Selbsthilfe die Freiheit und die Eigenverantwortlichkeit der einzelnen nicht einschränken, sondern müssen die Entscheidungs- und Handlungsfähigkeit verbessern.

Aufklärung und Beratung:
müssen personzentriert die Fragen und Wünsche der Ratsuchenden ernst nehmen.

Aufzeigen von Konsequenzen:
denn die Einsicht in die Folgen des eigenen Handelns, die ohne Drohungen erfolgt, ermöglicht am ehesten, gegen die eigene Gefährdung aktiv zu werden.

Anregungen und Angebote:
für ein aktives, selbstbestimmtes und suchtfreies Erleben und Gestalten der Lebenswelten, denn Fremdgestaltung führt in Abhängigkeiten.

Humanisierung der Umwelt:
bedeutet die Konzentration auf das Ziel, die Persönlichkeitsentwicklung und -entfaltung von Kindern und Jugendlichen ichstärkend und ichstabilisierend gegen schädigende Einflüsse zu fördern und den Erwachsenen mit ihren Kindern eine gemeinsame menschenwürdige Lebenswelt aufzubauen.

B.
Pädagogische Praxis der Schule

4 Sucht- und Drogenvorbeugung in der Schule – begünstigende Faktoren und Chancen

Immer wieder wird die Schule in den Medien als »Umschlagplatz« für Drogen oder als »Tatort« des Drogendeals bezeichnet, der Schule die Hauptaufgabe der sog. Drogenaufklärung, wenn nicht überhaupt die Lösung des Drogenproblems zugewiesen – wie man generell gern die Schule als Problemlöserin oder Erfüllerin anderweitig nicht zu leistender Aufgaben ansieht: Schule soll Verkehrserziehung, Sexualaufklärung, Drogenaufklärung, Bewältigung des Rechtsextremismus, des Gewaltproblems usw. leisten, ohne daß gefragt wird, ob diese Aufgaben allein Sache der Schule seien.

In der Suchtproblematik hat man lange Zeit »die Gesellschaft«, dann »die Eltern« und jetzt schließlich »die Schule« als Übeltäterinnen dingfest machen wollen. Wie leicht sich die Sündenbockideologie entlarven läßt, kann daran erkannt werden, daß dem Sündenbock Schule zugleich auch die Bewältigung des Problems zugewiesen wird: »Die Schule« soll gefälligst dieses Problem lösen. Diese Schuld- und Aufgabenzuweisungen dürfen jedoch nicht leichtfertig abgetan werden, denn sie bedeuten auch eine Diskriminierung der Schule und gleichzeitig eine Überforderung – und zwar zur Entlastung derjenigen, die diese Zuweisungen vornehmen.

Nun vollzieht sich bemerkenswerterweise dieser Zuweisungsprozeß auch innerhalb der Schule selbst, was nicht verwundern darf, weil die Schule Teil dieser Gesellschaft und damit gleichsam Teilhaberin der verschiedensten gesellschaftlichen Erscheinungen ist. Es ist nämlich häufig zu beobachten, daß gerade die Sucht- und Drogenproblematik innerhalb einer Schule nicht zur Aufgabe der gesamten Schüler-, Eltern- und Lehrerschaft – und zwar entsprechend ihrer gesellschaftlichen Bedeutung – avanciert, sondern an bestimmte Lehrkräfte mit bestimmten Fachkompetenzen delegiert wird: die Frage der Wirkweisen der Drogen wird den Biologie-, die gesellschaftliche und soziale Problematik den Sozialkunde- und die ethische und disziplinarische Seite, wenn nicht überhaupt das ganze Suchtproblem, den Religions- und Ethikfachkräften übertragen. Damit schaffen sich Schulleitung und Lehrerkollegium eine Entlastung von dieser unbequemen Thematik. Kurioserweise geraten dann aber diese Lehrkräfte in ein pädagogisches Abseits und werden häufig als die »Notheiler«, »Drogentypen« oder sogar als die Kollegen mit dem »Helfersyndrom« abqualifiziert.

Zu dieser Problematik muß korrigierend festgestellt werden:

- Die Schule ist nicht der Platz, an dem die Kinder und Jugendlichen erst verdorben werden, sondern alle Kinder kommen in die Schule mit einer bereits sehr weit fortgeschrittenen Sozialisation und bringen positive wie negative Eigenschaften und Lernerfahrungen aus den Elternhäusern mit. Kinder sind bereits vor ihrem Schuleintritt eingeübt in Konsum- und Genußverhalten und haben ihre Eltern und andere Erwachsene als gute und schlechte Vorbilder kennengelernt und vielfach auch akzeptiert.

- Die Schule ist insoweit Tatort und Umschlagplatz, wie es die gesamte Gesellschaft ist. Man darf also nicht so tun, als sei die Welt außerhalb der Schule in heiler Ordnung, nur in der Schule selbst herrschten Chaos, Gewalt und Kriminalität. Sicherlich werden auch in der Schule Drogen gehandelt und konsumiert, und insofern ist die Schule auch ein Tatort unter vielen anderen.

- Schule ist nicht das Sucht- und Drogensanatorium der Gesellschaft. Zwar haben Lehrkräfte eine spezielle Verantwortung ihren Schülerinnen und Schülern gegenüber. Aber Eltern, Politiker und andere können die Bewältigung von Problemen und schon gar nicht die Suchtvorbeugung an die Schule delegieren, sondern tragen einen wesentlichen Anteil der allgemeinen Verantwortung mit: die Eltern im Rahmen ihrer originären Erziehungsaufgabe, die Politiker, indem sie den Schulen durch entsprechende Mittelzuteilung zu humaneren Lebensbedingungen verhelfen, und andere, indem sie die Schule in ihrer Aufgabe bestätigen und achten.

- Innerhalb der Schule muß aber auch bewußter werden, daß mit dem Schuleintritt eines Kindes ein einschneidender Wandel in dessen Leben vollzogen wird, daß Schule nicht nur inhaltlich unterrichtet, sondern auch prägt, zur Identitätsbildung der Kinder und Jugendlichen beiträgt und auch erheblich belasten und gefährden kann.

- Die Schule ist zudem über die Einflußnahme der Lehrkräfte hinaus das Wirkfeld sozialer Identifikationen und Identitäten der Gleichaltrigengruppen und damit Faktor der Entwicklung der sozialen Identität eines Kindes und Jugendlichen. In diesem Zusammenhang gehört auch die Frage der Suchtgefährdungen und der Problembewältigungen innerhalb der Peer group.

- Schließlich kann Suchtvorbeugung in der Schule nur als Gemeinschaftsaufgabe gelingen, an der Schülerinnen und Schüler, Eltern und Lehrkräfte in ihrer spezifischen Verantwortlichkeit beteiligt sein müssen. Sie ist nicht alleinige Aufgabe einer Lehrergruppe oder eines Unterrichtsfachs. Gegen diese negative Form der Delegation und damit Einengung des gesellschaftlichen, sozialen und individuellen Problems der Sucht beispielsweise auf das Fach Religion hin müßte sich eigentlich die ganze Schule wehren. Allerdings kommen den Fächern Ethik und Religion eine bestimmte und damit auch besondere Aufgabe im Rahmen dieser Problematik zu.

Orientierung der Arbeit an der Lebenssituation der Kinder und Jugendlichen

Entsprechend dem multifaktoriellen Ursachenzusammenhang von Suchtgefährdungen muß auch die schulische Vorbeugung an verschiedenen Stellen ansetzen, darf sich nicht nur ein – vielleicht besonders markantes und oft auch nicht einmal zutreffendes – Merkmal von Gefährdung und Abhängigkeit herausgreifen. So ist beispielsweise die Verfolgung der These von der Verführung durch Gleichaltrige wenig sinnvoll. Sie wird häufig von Eltern vertreten und geht davon aus, daß das eigene Kind vollkommen in Ordnung ist, aber erst in der Schule gründlich verdorben und zum Drogenkonsum verführt worden sei – eine Auffassung, der auch zahlreiche Lehrkräfte nachgeben, weil sie so schön bequem ist; denn sie entlastet von der eigenen Zuständigkeit und stützt die Sündenbockidee, nach der die Übeltäter nur einige wenige sind, die man, wenn es irgend möglich ist, auch von der eigenen Schule weisen kann, womit man dann das Problem als gelöst annimmt. Falsch ist auch der Glaube vieler Lehrkräfte, über einen rein kognitiven Aufklärungsunterricht mit moralischen Appellen könne man gefährdende und stark emotionale Genußverhaltensweisen von Schülerinnen und Schülern ändern, geschweige denn auf Konsumgewohnheiten in den Familien einwirken. Auch nützt es wenig, wenn eine Schulleitung mit Sanktionen gegen rauchende, trinkende oder kiffende Schüler droht. Sie erreicht vielleicht eine gewisse »Reinigungswirkung« in der eigenen Schule, die Probleme werden damit aber nicht beseitigt; sie werden verlagert und schlagen möglicherweise in anderer, undefinierbarer Weise auf die Schulsituation zurück.

Hilfreich ist eine schüler- und auch ursachenorientierte Vorbeugungsarbeit, die sich nicht als schulinterne Ordnungspolitik verstehen darf. Schülerorientierte Suchtvorbeugung stellt entsprechend dem multifaktorellen Ursachenkomplex der Suchtgefährdungen differenzierte

- Fragen nach der Persönlichkeit der Kinder und Jugendlichen:
  Zum Beispiel: Wieweit ist es mir als Lehrkraft möglich, auf die Schülerinnen und Schüler einzugehen? Finde ich sie sympathisch oder nicht, kann ich vorhandene Antipathien abbauen? Zeigen sich die Schüler offen, verschlossen, freund- lich, zugänglich, zurückhaltend, engagiert etc.? Kann ich ihnen durch meine Verhaltensweisen gerecht werden, auf sie genügend eingehen? Was weiß ich überhaupt von ihnen, könnte ich mich um einen persönlicheren Zugang bemühen? Kann ich ihre Wünsche und Bedürfnisse im schulischen Rahmen mit berücksichtigen? Kann ich sie bei der Bewältigung von Problemen unterstützen?

- Fragen nach der Qualität des sozialen Nahraums der Kinder und Jugendlichen:
  Zum Beispiel: Was weiß ich von den Eltern meiner Schülerinnen und Schüler, von beglückenden und belastenden Situationen? Habe ich einen guten Kontakt zu den Eltern? Welchen Einfluß haben außerschulische Kontakte meiner Schülerinnen und Schüler auf die Arbeit in der Schule? Wieweit darf und kann ich auf diese Kontakte eingehen? Gibt es besondere Gefährdungen aus dem Kreis der Gleichaltrigen, auch aus der Klasse und dem Kurs? Kann ich eine Verbesserung des Gruppenklimas in meinen Unterrichtsgruppen erreichen? Kann ich dazu beitragen, das Lehrer-Schüler-Verhältnis und das Lehrer-Eltern-Verhältnis zu verbessern, und wer kann mich dabei unterstützen? Wo bestehen Konflikt- und Problemsituationen im sozialen Bereich (Schüler-Schüler, Schüler-Lehrer), die gerecht bewältigt werden müssen? Inwieweit kann ich in meinem

Unterricht und im Lebensraum Schule bewußt gegen Sucht-gefährdungen meiner Schülerinnen und Schüler und mit diesen gemeinsam vorgehen?

- Fragen nach Auswirkungen des gesellschaftlichen Umfeldes auf das Leben der Kinder und Jugendlichen:
Zum Beispiel: Inwieweit greifen gesellschaftliche Zustände und Entwicklungen in das Alltagsleben meiner Schüler ein: Gefährdungen des Arbeitsplatzes oder Erwerbslosigkeit, Wohnsituation, nationale Zugehörigkeit, kulturelle und religiöse Bindungen der Eltern? Kann ich – ggf. gemeinsam mit Kolleginnen und Kollegen – zur Problemlösung, wenigstens zur Erleichterung der Lebenssituation meiner Schülerinnen und Schüler beitragen? Inwieweit greifen Konsum- und Freizeitindustrie, Werbung und Suchtmittelangebote in Entwicklung und Gesundheit meiner Schülerinnen und Schüler ein? Wo und wie können ich und andere gegenwirken? Von welcher Stelle erhalte ich Rat und Hilfen für meine bzw. unsere Vorbeugungsarbeit?

- Fragen nach den Gefährdungen durch Suchtmittel und -milieu für die Lebensqualität der Kinder und Jugendlichen:
Zum Beispiel: Erkenne ich die gefährdenden Situationen und Verhältnisse, in denen sich meine Schülerinnen und Schüler befinden, beispielsweise innerhalb der Familie, im Freundeskreis, in Diskotheken, innerhalb der Schule und durch welche Personen? Habe ich diese Probleme mit meinen Schülerinnen und Schülern angesprochen, entsprechende Gegenmaßnahmen mit ihnen gemeinsam ergriffen, aufgeklärt und vorbeugende Verhaltensweisen eingeübt? Habe ich Kolleginnen, Kollegen und Eltern mit einbezogen? Wer kann mich bzw. uns in unserem Bemühen unterstützen – innerhalb der Schule und von außerschulischen Beraterinnen und Helfern?

Altersspezifische Arbeit mit Kindern und Jugendlichen

Eine immer wieder von Eltern und von Lehrkräften gestellte Frage lautet: In welchem Alter ist die »Drogenaufklärung« am besten? Nach den Erfahrungen der Ursachenzusammenhänge von Sucht und Abhängigkeit gibt es jedoch kein »besonderes« oder »speziell geeignetes« Lebensalter, in dem nicht nur »Drogenaufklärung«, sondern allgemeine Suchtvorbeugung greift. Man kann deren permanente Aktualität am Beispiel der Medikamentenabhängigkeit vieler alter Menschen deutlich machen, die aufgrund ihrer Altersschwächen und -leiden sehr häufig zu Schmerz- und Schlafmitteln greifen und davon abhängig werden. Ein anderes Thema ist der sog. Elendsalkoholismus, eine Form der Sucht, die aus Erwerbslosigkeit, wirtschaftlichem Abstieg und Verarmung entstehen und auch seelisch scheinbar stabile Personen treffen kann. Dies beweist, daß zum einen kein Mensch angesichts neuer belastender Lebenssituationen vor Suchtgefährdungen sicher sein kann und daß damit zum anderen die Notwendigkeit der Suchtvorbeugung nicht altersmäßig eingeschränkt werden darf, sondern ursachen- und situationsspezifisch in allen Lebensaltern gefragt ist. Folglich ist die Primärprävention auch für die frühe Lebensphase praktisch unbegrenzt. Dies betrifft beispielsweise besonders die Kinder, die bereits vorgeburtlich durch Suchtmittelkonsum ihrer Eltern geschädigt oder durch ein Suchtmilieu ihrer Familie gefährdet sind.

Das gilt grundsätzlich auch für die Situation von Kindern und Jugendlichen, zugunsten deren Gesundheit die Suchtvorbeugung nicht auf ein bestimmtes Entwicklungsstadium festgelegt, sondern altersgerecht praktiziert werden muß. Das bedeutet für die verschiedenen Lebenssituationen und Erziehungsfelder:

- *Familie*
  Kinder übernehmen die Verhaltensweisen, natürlich auch den Konsum und Genuß betreffend, von den erwachsenen Vorbildern. Folglich kommt den Eltern die besondere und schwerwiegende Verantwortung zu, mit ihren Kindern liebevoll umzugehen, sie zu Selbständigkeit und Verantwortung zu erziehen, zu maßvollem Konsum und Genuß, der auch das Verzichtenlernen beinhaltet, zu führen und dabei selbst gute Vorbilder zu sein.

- *Kindertageseinrichtungen, Kindergärten*
  Im Kontakt mit den Eltern können auf vielfältige Weise vor allem primärpräventive Maßnahmen und bewußte Gesundheitserziehung praktiziert werden, die sich auf den gesunden Umgang mit dem eigenen Körper, den mitmenschlichen Umgang mit den eigenen Empfindungen und Gefühlen, mit freundlichen sozialen Beziehungen, mit gesunder Ernährung, der Gestaltung des eigenen Spiel-, Wohn- und Schlafplatzes oder mit dem maßvollen Konsum von Süßigkeiten, Fernsehen etc. befassen kann.

- *Grundschule*
  Diese vorbeugende Erziehung sollte weitergeführt und sinnvoll ergänzt werden durch kindgerechte Unterrichtung und Unterweisung sowie Förderung der Persönlichkeitsentwicklung. Das bedeutet, alles zu tun, was die Kinder in ihrer Lernfähigkeit, vor allem aber in ihrer psychosozialen und emotionalen Kompetenz weiterbringt, damit sie selbst- und sozialverantwortlich mit sich und anderen umgehen.
  Bereits in der Grundschule müssen auch sucht- und drogenspezifische Fragen berücksichtigt werden, da bereits Kinder dieses Alters mindestens über die Medien mit Drogenproblemen konfrontiert, ihnen aber auch Konsum- und Genußfragen sehr deutlich bewußt werden. Teilweise beginnt im Grundschulalter auch das Probieren von Alkohol, Nikotin und Medikamenten.

- *Sekundarstufe I*
  In diesem Bereich liegt sicherlich ein wesentlicher Schwerpunkt der Suchtvorbeugung, zum einen wegen der besonderen Entwicklungssituation der Kinder und Jugendlichen,
  zum anderen wegen der damit zusammenhängenden besonderen Gefährdungssituation, da erfahrungsgemäß das Probieren, regelmäßige Konsumieren und auch die Entwicklung
  von Abhängigkeiten im Alter zwischen 10 und 16 Jahren liegt.

- *Sekundarstufe II*
  In dieser Zeit fixieren sich Konsum- und Genußverhaltensweisen, werden gewonnene positive und negative Erfahrungen nach eigenen Vorstellungen in die eigenen Lebens-
  bilder integriert und wertmäßig verankert. In dieser Zeit sind
  allerdings auch bei deutlichen Gefährdungen sinnvolle Kor-
  rekturen für suchtfreie Lebensstrukturen in bewußter eigener Gestaltung möglich.

- *Berufliche Schulen*
  Hier stellen sich insofern besondere Anforderungen an die
  schulische Suchtvorbeugung, als zum einen die Schule
  häufig an Einfluß verliert, dafür aber berufliche Erfordernisse und soziale Umgangsweisen an Gewicht gewinnen. Das
  bedeutet auch, daß gesellschaftliche Suchtstrukturen, die
  über die Erwachsenen in den Betrieben an die Auszubilden-
  den herangeführt werden, die Vorbeugungsarbeit erschweren können.

- *Sonderschulen*
  In den vorhandenen Schulvorbeugungsprogrammen kommen die Sonderschulen nur am Rande oder überhaupt nicht
  vor. Neben den schweren körperlichen und seelischen Behinderungen, die eigene Therapieprogramme und eine spezielle
  Form der Gesundheitserziehung und -förderungen notwendig
  machen, bedarf es vor allem im Bereich der Lernbehinderten-
  Arbeit noch intensiver Planungsarbeit für die Erstellung sinnvoller Präventionskonzepte. Gerade in diesem Bereich muß

neben den bewährten Vorbeugungsmaßnahmen eine zusätzliche, die Kompetenz von Lehrkräften überschreitende
Sozialarbeit, Familienpflege, Schülerbetreuung bis hin zu
therapeutischen Spezialmaßnahmen gefordert werden, die
Gefährdungen aus dem Erleiden und der Benachteiligung
aus Lernbehinderung zumindest teilweise vorbeugt.

Gestaltung der Schule als Lebensraum

Die Schule nur als einen reinen Unterrichtsbetrieb zu verstehen, kann heute kein ernsthaftes pädagogisches Anliegen
mehr sein. Traditionellerweise gehörten zur Schule immer
schon Arbeitsgemeinschaften, Theaterpädagogik, Orchester,
Chor, Sportveranstaltungen, Wandertage und Schulfahrten
als unterrichtsüberschreitende Aktivitäten. Doch kommen auf
die Schule zunehmend neue Anforderungen zu, die gleichsam
»natürliche« Gegebenheiten sind, die es der Schule gar nicht
freistellen, ob sie sich mit ihnen auseinandersetzen will oder
nicht – sie sind einfach da. Ein ganz wesentlicher Bereich ist
z. B. die Veränderung der Familien, die Zunahme der alleiner-
ziehenden Mütter und Väter, die sich verändernden Beziehungen in Scheidungs- und Wiederheirat-Familien, die auch in die
Schulen hineinwirken. Sie erfordern an vielen Orten Innovatio-
nen der Schulstrukturen in Richtung auf mehr Lebensraum-
Orientierung neben dem unterrichtlichen Angebot. Schule als
»Erfahrungs- und Lebensraum«, »ökologische« oder »gesunde« Schule sind Schlagworte, die mehr als nur die Unterrichts-
und Bildungseinrichtung meinen.

Im Sinne der Suchtvorbeugung zielt eine »gute, gesunde
Schule« in eine zweifache Richtung:
1. Sie möchte – im Sinne der Ursachen- und Schülerorientierung – persönlichkeitsfördernde und stabilisierende Elemente des Unterrichtsgeschehens erweitern bzw. ein-
   bauen. Das bedeutet eine stärkere Beteiligung der Schüle-

rinnen und Schüler an der Organisation von Lernprozessen, entdeckende Lernverfahren, Projektunterricht und die Einbeziehung von außerunterrichtlichen und -schulischen Erfahrungsbereichen in den Unterricht.

2. Ein weiteres Element ist die Gestaltung der Schule als Lebensraum, in dem die Schule nicht allein bzw. vornehmlich von den Gesetzlichkeiten eines relativ streng organisierten Unterrichts her verstanden wird, sondern Aktions-, Erfahrungsfelder und Lebensräume eröffnet, die den Schülerinnen und Schülern wie auch den Lehrkräften die Schule nicht nur als einen Arbeits- und Leistungsbereich erscheinen lassen, sondern darüber hinaus als ein Begegnungs- und Erlebnisfeld, auf dem man zusammenkommen, miteinander spielen, reden kann.

Man muß sich aber auch im klaren sein, daß gegenwärtig und wohl auch in absehbarer Zukunft diese Erweiterung der Schule Grenzen hat, ohne daß man damit schon in Pessimismus und in unreflektierte alte (und nicht immer gute) Gewohnheiten verfällt:

1. Außerunterrichtliche, auch noch so attraktive Angebote und Möglichkeiten der Schule werden nicht von allen Schülern und deren Eltern gutgeheißen, weil sie mit Aktivitäten der Familie, der Vereine etc. konkurrieren.

2. Auch noch so gut gemeinte Vorbeugungsarbeit der Schule stößt an die Grenzen familiärer Konsum- und Genußvorbilder trinkender und rauchender Erwachsener, kollidiert mit den Einflüssen der Werbung und den Kaufangeboten vielfältiger Genuß- und Suchtmittel, der selbstverständlichen Handhabung bestimmter Suchtmittel als gesellschaftlich weitverbreiteter und allgemein akzeptierter Verbesserer der Lebensqualität.

3. Auch die Schule setzt sich selbst häufig eigene Grenzen, ja geradezu Hindernisse gegen eine gelingende Suchtvorbeugung: z. B. durch entfremdende Leistungsstrukturen, durch repressive Lehrkräfte, durch abstoßende Räumlich-

keiten, durch schlechte Ausstattungen, durch Überforderungen von Schülerinnen und Schülern und Lehrkräften, durch unpädagogische Erlasse und Verordnungen, durch Behinderungen von pädagogischen Reformvorhaben durch Schulaufsicht und -bürokratie.

Kritisches Selbstverständnis und Fortbildung der Lehrkräfte

Suchtvorbeugung erfordert von den Lehrkräften Kenntnisse zur Suchtproblematik, zu Grundfragen der Suchtvorbeugung und deren Möglichkeiten und Grenzen und die Fähigkeit, diese Kenntnisse auf die eigene Arbeitssituation zu übertragen, einzuüben und stets zu aktualisieren. Pädagogisches Interesse und guter Wille allein reichen für eine qualifizierte Vorbeugungsarbeit nicht aus. Allerdings darf man sich und andere auch nicht mit überzogenen Anforderungen an die Fachkompetenz verschrecken. In der Regel kann an die vorhandenen pädagogischen Fähigkeiten der Lehrkräfte gut angeknüpft werden, denn Suchtvorbeugung, vor allem im primärpräventiven Sinn, ist ohnehin vielfach praktizierte schülerorientierte Arbeit in der Schule.

Suchtvorbeugung ist kein distanziertes Antidrogen-Management, sondern im Erleben von Lehrern wie Schülern immer ein Vorgehen mit persönlichem Einsatz. Dazu gehört ganz wesentlich die selbstkritische Befragung der Lehrkräfte nach den Motiven des eigenen Engagements und nach der eigenen Vorbildqualität, d. h.: Sind Lehrerinnen und Lehrer glaubwürdig, sind ihre Forderungen zur Vorbeugung stimmig mit ihrem eigenen Verhalten? Das beginnt bereits bei den einfachen Fragen, wie z. B.

- Rauchen wir Lehrkräfte in der Schule (und überhaupt): im Lehrerzimmer, auf dem Schulhof, im Raucherzimmer? Wie

96

wollen wir da Schülerinnen und Schülern das Rauchen in der Schule untersagen?

- Konsumieren wir zu besonderen Anlässen in der Schule Alkohol? Geht es bei Dienstjubiläen, Beförderungen und anderen Anlässen nicht auch ohne alkoholische Getränke? Wie erklären wir diesen Alkoholkonsum den Schülern, denen wir ihn im Bereich der Schule verbieten?

- Sind wir Lehrkräfte in Konflikten mit Schülern, Eltern und Kolleginnen und Kollegen fair und ggf. auch bereit, uns zu entschuldigen und zu korrigieren?

- Oder weichen wir der Bequemlichkeit halber allem aus und lassen die anderen lieber »machen«, so daß wir auch keine Fehler machen können?

- Wieweit sind wir bereit und fähig, Schülerinnen und Schüler bei der Vertretung ihrer Interessen anzuhören und zu unterstützen, d. h. sie in ihren Persönlichkeiten ernst zu nehmen?

- Haben wir uns klar gemacht, daß wir in vielen Situationen auch von unseren Schülerinnen und Schülern lernen, daß wir ihnen Verantwortung übertragen und sie als Partner akzeptieren können?

Ziel und Anspruch schulischer Suchtvorbeugung, das bedeutet im Rahmen der Verantwortung aller Lehrkräfte – und nicht nur einiger weniger »Präventionsspezialisten« –,

- ein Bewußtsein für die Notwendigkeit der Suchtprävention zu wecken oder zu stärken;

- Maßnahmen innerhalb eines bestimmten schulischen Aufgabenfeldes anzuregen;

- zusätzliche Kompetenzen zu erwerben und

- neue hilfreiche Wege und Formen kooperativer Suchtvorbeugung zu gehen (s. C. 7).

Schülerorientierte Unterrichtspraxis

Die Unterrichtspraxis zum Thema Sucht und Drogen kann nicht heißen,

- die Suchtproblematik rein kognitiv als inhaltliche Informationsveranstaltung abzuhandeln;

- den Unterricht als Verordnungsstunde kultusministerieller Maßgaben für die schulische Suchtprävention mißzuverstehen;

- als Lehrkraft sich in der Rolle eines Hilfspolizisten im Kampf gegen illegale Drogen zu verstehen;

- möglichst drastische Horror- und Abschreckungsszenarien in der Hoffnung zu präsentieren, damit bei den Schülern Aversionen gegen Drogen zu erzeugen;

- mit moralischen Appellen an die Verantwortung der Schüler Selbstbehauptungskräfte gegen Suchtgefährdungen mobilisieren zu können;

- mit der einmaligen Thematisierung von Sucht und Drogen im Unterricht die Problematik als erledigt zu betrachten;

- sich selbst als Lehrerin und Lehrer aus der Mitbetroffenheit und Mitbeteiligung an der Problematik herausnehmen zu können.

Suchtvorbeugung im Unterricht sollte

- die Schüler an ihrem Standort »abholen«, d. h. auf ihre Befindlichkeiten und Vorkenntnisse eingehen;

- sie an der Gestaltung des Unterrichts weitgehend beteiligen;

- ein kommunikatives Unterrichtsklima unter den Schülerinnen und Schülern und zwischen Schülern und Lehrer schaffen und fördern;

- Schülerselbsterfahrungen nutzen und begünstigen;

- außerschulische Lern- und Erfahrungsorte integrieren;
- über das Thema Sucht und Drogen hinaus auch zentrale Lebensfragen wie Liebe, Sexualität, Freundschaft, Vertrauen, Selbständigkeit, Freiheit etc. thematisieren;
- suchtgefährdende Strukturen der unmittelbaren Umgebung, auch der Schule, nicht aussparen;
- Sinnfindungs- und Wertorientierungshilfen in unaufdringlicher Weise ansprechen und anbieten;
- sich selbst als Lehrerin und Lehrer auf kritische Fragen, auf Selbsterfahrung, auf das Lernen und Korrigieren mit den Schülerinnen und Schülern einlassen;
- stets handlungsorientiert und in der Kommunikation mit anderen Lehrkräften, mit Eltern und außerschulischen Beratern zusammenarbeiten.

Partnerschaftliche Zusammenarbeit mit Eltern

Elternhaus und Schule sind pädagogisch, institutionell und juristisch aufeinander bezogen: Um der Kinder und Jugendlichen willen sollten und in bestimmten Fällen müssen sie miteinander kooperieren. Der Alltag beweist aber auch, daß sich beide Lebens- und Aufgabenbereiche voneinander entfernen, sich entfremden, gelegentlich sogar gegenseitig anfeinden. Elternhaus und Schule können aber auch miteinander Kinder und Jugendliche disziplinarisch im Interesse des gemeinsam erklärten Zieles der Leistungs- und Verhaltensanpassung so »in die Zange nehmen«, daß darüber die pädagogische Aufgabe der Förderung der Selbständigkeit, der verantwortlichen Ich- und sozialen Identität des Kindes in den Hintergrund gerät. Andererseits sind Elternhaus und Schule doch so weit voneinander entfernt, daß Kinder und Jugendliche gleichsam unterschiedliche Identitäten, einmal als Kinder ihrer Eltern, zum anderen als Schüler einer bestimmten Schule, aufbauen und voneinander abgrenzen können. Wie gut ist es also um die pädagogisch verantwortliche Kooperation zwischen beiden Sozialisationsbereichen bestellt, die dabei den jungen Menschen auch die nötige Freiheit zur Selbstverantwortung lassen?

Wie gut kennen sich Schüler, Eltern und Lehrer? Was wissen Eltern über ihre Kinder in der Schule, Lehrer über ihre Schüler außerhalb der Schule, Schüler über ihre Eltern und Lehrer – und was dürfen sie alles bzw. müssen sie nicht wissen, um (dennoch) gut miteinander umgehen zu können? Zur sinnvollen Suchtvorbeugung gehört auch die ausgewogene Balance zwischen Intimität, Kenntnis voneinander und zugleich notwendiger sozialer Distanz zur Wahrung der persönlichen Intimität.

Unter Beachtung dieser sozialen Erfordernisse ist es möglich, mit den Eltern zu einer gelingenden Zusammenarbeit zu kommen. Dabei geht es nicht nur um die Besprechung von Klassenfahrten, Schulfesten und Schülerleistungen, sondern auch um die Verhaltensweisen der Erwachsenen, der Eltern wie auch der Lehrerinnen und Lehrer, um deren Vorbildfunktion, ihr pädagogisches Engagement und ihre liebevolle Zuwendung, wenn offene Gespräche möglich sind. Speziell in der Suchtvorbeugung können außerschulische Fachkräfte als zusätzliche Beraterinnen und Helfer wie Erziehungs-, Jugend-, Sucht- und Drogenberater, Schulpsychologinnen, Ärzte, Jugendhelferinnen oder Familienpfleger hinzugezogen werden. Diese Zusammenarbeit kann sich auf mehreren Ebenen abspielen:

Erste Ebene einer Zusammenarbeit innerhalb der Schule:
Lehrkräfte, Eltern und ggf. außerschulische Fachkräfte

In der Suchtvorbeugung geht es nicht primär um Leistungsprobleme, die zwar von Bedeutung sind, aber nicht in den Vordergrund geschoben, schon gar nicht zum Gradmesser des Gelingens erfolgreicher Prävention benutzt werden dürfen. Es geht vielmehr in erster Linie um das gesundheitliche Wohlergehen der Kinder und Jugendlichen im weitesten Sinne. So sollten Elternabende nicht überwiegend mit Schulnoten, Disziplinarfragen und Versetzungsproblemen verbracht, sondern könnten vielmehr zur Erörterung sinnvoller pädagogischer Maßnahmen, Erziehungshilfen, Eltern-Kind-Initiativen, Schulprojekten zur Gestaltung der Schule o. ä. genutzt werden.

Hilfreich ist dabei der gegenseitige Abbau von Verunsicherungen und Ängsten und die Zusammenarbeit der Eltern und Lehrkräfte in einer weitestgehend angst- und absolut vorwurfsfreien Atmosphäre. Denn es sollte Schluß sein mit der Angst der Eltern, inwieweit die eigenen Kinder den schulischen Leistungsanforderungen nachkommen, und der Lehrkräfte, inwieweit die Eltern zur Disziplinierung der Schüler im Unterricht beitragen könnten. Auch wenn es Lehrerinnen und Lehrern schwerfällt und manche Eltern sich immer wieder auch als kooperationsschwierig zeigen, könnte eine stärkere Einbeziehung von Eltern in Aktionen der Schule das Verhältnis zwischen beiden Gruppen normalisieren, d. h. in einem gewissen Maße alltäglich werden lassen. Die Kooperation wird zudem begünstigt, wenn Eltern in den Lehrkräften die informierten Vermittlerinnen und Vermittler von Kontakten zwischen ihnen und außerschulischen Fachleuten erkennen.

Zweite Ebene der Förderung von Elternselbsthilfen

Da Suchtprävention nicht allein von der Schule oder nur vom Elternhaus getragen bzw. von der Schule in Stellvertretung der elterlichen Verantwortung nicht geleistet werden kann, könnte die Schule Anregungen, mindestens aber Informationen für die Eltern bereitstellen, in welcher Weise Elternselbsthilfe organisiert werden kann. Das kann nicht bedeuten, daß die Schule dabei gleichsam Leitungsfunktionen übernimmt. Vielmehr kann sie nur Informationen über mögliche Wege der Selbsthilfe geben. Dabei kommt der Schule sehr zugute, wenn sie sich bereits in Zusammenarbeit mit außerschulischen Fachkräften befindet, so daß sich leichter auch die Möglichkeit abschätzen läßt, inwieweit diese beispielsweise einer Elternselbsthilfegruppe oder einem Elterngesprächskreis Starthilfe geben oder ggf. ein Elternseminar zu Suchtfragen durchführen können.

Dritte Ebene der akuten Gefährdung und der Krisenintervention

Auch in der Krisenintervention bei akuter Suchtgefährdung oder bereits eingetretener Abhängigkeit eines Kindes oder Jugendlichen sind die entsprechenden außerschulischen Fachkräfte die richtigen Ansprechpartner, die die Schule vermitteln kann. Gerade in der Krisensituation ist die bewährte Zusammenarbeit zwischen Eltern und Lehrkräften hilfreich, denn es müssen Kontakte nicht erst neu hergestellt werden, sondern Eltern können sich auf vertraute Personen verlassen.

Die Aufgabe der Schule besteht nicht in der Therapie, sie kann schon gar nicht in der schnellen Lösung des Problems liegen. Die Schule kann aber dort besonders geeignete Hilfestellung geben, wo Eltern keinen schulischen Druck spüren, wo die Kinder und Jugendlichen besondere Zuwendung brauchen, wo alle Beteiligten gemeinsam um Lösungen bemüht sein sollten. Hilfeleistung der Schule muß dabei völlig frei von Besserwisserei, von Gängelei, Überheblichkeit und disziplinarischer Anpassung sein. Sie darf nicht in dramatische Aktionen einmünden, in denen es den Helfern mehr um den eigenen Ruf als um das Wohl der Betroffenen geht. Krisenintervention ist eine stille Hilfe mit Vorrang des gesundheitlichen Wohls derer, die sich in der Krise befinden (s. C. 10 Zusammenarbeit mit Eltern).

Kooperation mit außerschulischen Partnern

Die Schule kann auf außerschulische Partner in der Suchtvorbeugung nicht verzichten, da ihren Möglichkeiten strukturell und aktuell Grenzen gesetzt sind. Denn wo die besseren Fachkräfte mit der günstigeren Aussicht auf Erfolg teilhaben und eingreifen können, müssen Schulleitung und Lehrkräfte zurückstehen.

Die außerschulischen Fachkräfte stehen der Schule allerdings nur sehr begrenzt zur Verfügung, da im sozialen Bereich eher eine personelle Unterversorgung herrscht. Daher empfiehlt es sich, vor möglichen Aktionen und Maßnahmen mit den verschiedenen Beratungs- und Hilfseinrichtungen abzuklären, inwieweit sie überhaupt in der Lage sind, sich an schulischen Präventionsaktionen zu beteiligen.

Auch innerhalb der Schule sind diese kooperativen Maßnahmen zu organisieren: mit der Schulleitung, in den Gesamt-, Schul-, pädagogischen oder Fachkonferenzen und ggf. auch mit den Elternvertretern, in Ausnahmefällen auch mit der Schulaufsicht.

Die Zusammenarbeit kann mit folgenden Personen, Gruppen und Institutionen initiiert werden:

- mit Lehrerinnen und Lehrern anderer Schulen und Schulformen in interschulischen Arbeitskreisen, zur gemeinsamen Fortbildung, zur kollegialen Beratung und Supervision, für gemeinsame Aktionen über die einzelnen Schulen hinaus u.a.,

- mit dem schulpsychologischen Dienst zu präventiven Maßnahmen, zur Krisenintervention oder zur Lehrerfortbildung, zur Supervision u.a.,

- mit Erziehungs-, Jugend- und Drogenberatungsstellen, für Informationen, Beteiligung durch Referat an Schulkonferenzen und Elternabenden, in der Krisenintervention, für die Fortbildung u.a.,

- mit Selbsthilfegruppen, für Vorträge bei Elternabenden oder anderen schulischen Veranstaltungen, zur Information über das Selbsthilfesystem u.a.,

- mit Jugend-, Sozial-, Gesundheitsamt, zur Information über Jugendarbeit, Gesundheitsdienst, Hilfe für Familien, für die Krisenintervention u.a.,

- mit der Polizei und Justiz, zur Information über kriminologische und juristische Fragen, speziell zum Umgang mit Jugendlichen im Zusammenhang mit dem Betäubungsmittelrecht u.a.,

- mit Krankenkassen, zur Versorgung mit Informationsmaterial über Sucht- und Drogenvorbeugung und zur allgemeinen Gesundheitserziehung und -förderung u.a.,

- mit Jugendzentren im Rahmen von Stadtteilarbeit, zur gemeinsamen Ausrichtung von Veranstaltungen und Gestaltung von Einzelprojekten für Kinder und Jugendliche u.a.,

- mit Vereinen der sozialen Hilfe, zur Information und Möglichkeit der Hilfe in sozialen Problem- und Krisensituationen u.a. (s. C. 8 Außerschulische Kooperation).

5 Sucht- und Drogen- vorbeugung – Standortbestimmung und Zielorientierung für Religions- unterricht und Ethik

Diese Standortbestimmung bedeutet keine neue Grundsatz- diskussion über den Religions- bzw. Ethikunterricht, sondern soll – unbeschadet der Rahmenpläne, Richtlinien, Curricula und Lehrpläne der verschiedenen Bundesländer, der schul- übergreifenden regionalen sowie schulinternen Konzeptionen – einige Fingerzeige der sinnvollen curricularen und didakti- schen Anknüpfung der Sucht- und Drogenvorbeugung an die jeweiligen Unterrichtsvorhaben und Projekte vor Ort geben. Es sei noch einmal daran erinnert (s. Einleitung), daß weder Religions- noch Ethikunterricht suchtpräventiv etwas völlig anderes darstellen als die anderen Fächer, sondern – unter Wahrung ihrer eigenen wissenschaftlichen, pädagogischen und didaktischen Identität – integrativer Bestandteil der Schule sind. Insofern sind zum einen zahlreiche Vorschläge aus den Praxisbausteinen nicht ausdrücklich »fach-religiös« oder »fach-ethisch«, sondern beinhalten allgemeine pädagogische Praxishinweise und -empfehlungen, zum anderen lassen sich auch zahlreiche Frage- und Themenstellungen aus Ethik- und Religionsunterricht für andere Fächer vice versa nutzen. Beide Fächer nehmen darüber hinaus selbstverständlich an allen präventiven Veranstaltungen der Schule teil. Gemäß ihrem Selbstverständnis sind mitmenschliche und damit pädagogi- sche Anliegen Wesenskonstitutiva ihrer Arbeit.

Der Vorwurf, eine zu enge Kooperation zwischen Religions- und Ethikunterricht gehe zu Lasten des Religionsunterrichts, wenn dabei auf spezifisch theologische und kirchliche Aspekte verzichtet würde, spielt für die Sucht- und Drogenproblematik zunächst eine untergeordnete Rolle. Dem Religionsunterricht bleibt es überlassen, die skizzierten Problemstellungen jederzeit in metaphysische Fragestellungen, z. B. zur Gottesfrage oder zur Gottebenbildlichkeit der Menschen, die ja eng mit der Frage der Menschenwürde verknüpft sind, überzuleiten.

Religions- und Ethikunterricht haben kooperativ auch der Situation Rechnung zu tragen, daß die Zahl der Schülerinnen und Schüler zunimmt, die sich vom Religionsunterricht ab- und verstärkt dem Ethikunterricht zuwenden. Damit erhält dieses Fach in der Praxis für die Werteerziehung und Wertorientierung eine dem Religionsunterricht gleichrangige Bedeutung. Das gemeinsame pädagogische Interesse am Schüler, das übrigens grundsätzlich für alle Schulfächer gilt, darf einer unnötigen Konkurrenz nicht zum Opfer fallen. Die Würde der Menschen, ob sie nun aus der Gottebenbildlichkeit oder aus anderen metaphysischen Axiomen abgeleitet ist, der Gedanke der Mitmenschlichkeit, der Liebe und der Verantwortung sind die Grundorientierungen, aus denen sich die Ziele beider Unterrichtsfächer ableiten lassen.

Auch für den Religions- und Ethikunterricht gilt die Erfahrung, daß Suchtprävention im Kontext der Schule nichts völlig Neues darstellt, sondern unter den gegebenen Bedingungen jeder einzelnen Schule – möglichst unspektakulär und undramatisch – integriert werden kann, und zwar

1. indem die pädagogischen Erfahrungen der Lehrkräfte sinnvolle Voraussetzungen für die Vorbeugung bieten, d. h. daß jede Lehrerin und jeder Lehrer die eigenen individuellen Fähigkeiten im mitmenschlichen Umgang mit Kindern nutzen kann;

2. indem die Suchtvorbeugung keine therapeutischen oder sonstigen Spezialausbildungen erfordert, sondern mit Hilfe einer relativ unaufwendigen Fortbildung geleistet werden kann;

3. indem zahlreiche vorhandene Aufgabenfelder und Themenbereiche des Religions- und des Ethikunterrichts als fast ideale Anknüpfungsmöglichkeiten für die Suchtvorbeugung zur Verfügung stehen und damit beide Fächer in ihrer spezifischen Weise für die Suchtprävention qualifizieren.

Präventionsfördernde Funktionen der beiden Fächer

Der Religionsunterricht hat verschiedene suchtpräventive Funktionen, indem er – sowohl personzentriert wie auch themenorientiert – auf verschiedene Problemstellungen, die auch in der Sucht- und Drogenfrage eine Rolle spielen, aufmerksam macht, diese Probleme bearbeitet und Orientierungen der Problemlösung aus ethischer Verantwortung und aus dem Sinn des Glaubens diskutiert und anbietet, z. B. im Themenzusammenhang von

- Nächstenliebe, Verantwortung, Solidarität,
- Schuld, Reue, Buße und Umkehr,
- Gewissen und Verantwortung,
- Gut und Böse,
- Schuld und Erlösungsbedürftigkeit,
- Heil und Heilwerden – Erlösung,
- Wahrheit, Wahrhaftigkeit und der Umgang mit der Wirklichkeit,
- Verlassenheit und Beziehung,
- Sinn und Glaube,
- Caritas und Diakonie: Kirche und ihre sozialen Dienste,

- Identität und Lebensglück,
- Leid und Tod.

Neben der themenorientierten Funktion hat der Religionsunterricht die personzentrierte Aufgabe, den Schülerinnen und Schülern ein Sinnangebot zur eigenen Lebensgestaltung im Glauben zu machen. Das ist das durchtragende Element, gleichsam integratives Kontinuum des Religionsunterrichts, das ohne Druck und Zwang – alles andere wäre ein Widerspruch zum christlichen Glauben selbst – auf eine Lebensorientierung im Sinne des Liebesethos hinzielt. Insofern hat der Religionsunterricht fern von jeder Überheblichkeit durchaus eine besondere Funktion innerhalb der Schule, nämlich diese Lebensorientierung in eine humane Pädagogik umzusetzen bzw. für sie engagiert einzutreten. Damit kann der Religionsunterricht bestimmte Orientierungen auch für andere Unterrichtsfächer anbieten bzw. auf den zentralen Aspekt der Suchtprävention, nämlich die Sinnorientierung der jungen Menschen, in der eigenen pädagogischen Praxis verweisen.

Der Ethikunterricht erfüllt ähnliche Funktionen, indem er zum einen mit der Suchtproblematik verknüpfte Themen erörtern kann, die zu den genannten Überschneidungen mit dem Religionsunterricht führen: eine Chance zur Kooperation. Entsprechende Fragestellungen, die auch in der Sucht- und Drogenproblematik mitspielen, können z. B. sein (siehe 9. Unterricht):

- Gut und Böse, Richtig und Falsch,
- Gewissensentscheidungen,
- Schuld und Versagen,
- Verantwortliche Lebensgestaltung,
- Freundschaft – Partnerschaft – Liebe,
- Private und öffentliche Moral,
- Gesundheit: Seele, Leib und Umwelt …

Zum anderen ist auch der Ethikunterricht personzentriert, da er ja nicht nur distanziert Themen behandelt, sondern in der Auseinandersetzung mit Problemen, in der Suche nach Problemlösungen, in der Auseinandersetzung mit Verantwortung und selbstgestalteten Lebensentwürfen die Schülerinnen und Schüler für die Suche nach dem eigenen sinnvollen Leben sensibilisiert und wertorientiert auf Mitmenschlichkeit ausgerichtet ist.

Verantwortung als Leitprinzip des Religions- und des Ethikunterrichts für die Suchtvorbeugung

Das gemeinsame Überschneidungs- und Kooperationsfeld beider Fächer könnte der Gedanke von Verantwortung in seinen unterschiedlichen Ausprägungen sein. Verantwortlichkeit der Menschen bedeutet auch immer Sinngebung und -erfüllung und läßt sich sowohl aus der humanistischen Tradition der Antike wie auch aus dem christlichen Liebesethos ableiten. Die Hauptziele liegen folglich in der Befähigung und Entwicklung

- *zur Verantwortung des Menschen sich selbst gegenüber:*
  in Fragen der Gesundheit, der Gesundheitsvorsorge, der Gefährdungsvorbeugung durch gesunde Lebensweise, durch Gestaltung der eigenen Lebenswelt im Sinne seelischen und körperlichen Wohlbefindens, durch uneingeschränkte Sinnsuche und Sinnfindung für die intrapersonale Balance;

- *zur Verantwortung der Menschen gegenüber ihren Nächsten:*
  in Fragen der Erziehung der eigenen Kinder, der liebevollen Gestaltung des gemeinsamen Lebens in Familie, Partnerschaft und Freundschaft, des fairen Umgangs mit allen Menschen durch offene, tolerante, einsatzbereite und somit als sinnvoll erfahrene Beziehungen mit anderen Menschen;

- *zur Verantwortung der Menschen gegenüber der Mitwelt:*
  in Fragen des Engagements für die Gemeinschaft und Gesellschaft, in der Praxis der Menschenrechte, in einer solidarischen Gestaltung des öffentlichen Lebens als einer Basis sinnerfüllten gesellschaftlichen Miteinanders;

- *zur Verantwortung der Menschen gegenüber ihrer Religion, Kultur und Umwelt:*
  in Fragen der Sicherung mitmenschlicher Werte, der Wichtigkeit und Erfahrbarkeit der Transzendenz menschlicher Existenz, sinngebender Kultur, der Sicherung der Umwelt für die nachfolgenden Generationen durch ein engagiertes Leben in einer befreienden sinnstiftenden Religion, Ethik und Kultur, im Einsatz für die Bewahrung der Schöpfung.

Curriculare und didaktische Überlegungen

Daher empfiehlt es sich, das Hauptgewicht auf die Altersstufe ungefähr zwischen dem 12. und 16. Lebensjahr zu legen, ohne dabei die Grundschule oder die Sekundarstufe II ganz aus dem Blick zu lassen. Die Zeit der Pubertät ist in einem besonderen Maße durch entwicklungstypische und psychosoziale Veränderungen der Jugendlichen gekennzeichnet und erfordert ein hohes Maß an Aufmerksamkeit, Zuwendung, Kraft und Mühe durch Eltern und Lehrkräfte (s. A. 1.2).

Suchtvorbeugung, d. h. allgemeine Gefährdungsvorbeugung, Sinnvermittlung und ethisch-moralische Orientierung, sind integrative Bestandteile beider Fächer, wenn auch mit möglichen unterschiedlichen thematischen Ausprägungen und Gestaltungen.

Nachfolgend sollen Problemstellungen aus der Sucht- und Drogenthematik skizzenhaft in einen Bezug zu Fragestellungen des Religions- und/oder des Ethikunterrichts gesetzt werden. Daraus ergibt sich ein thematischer Kontext aus verschiedenen suchtpräventiven Einzelproblemen und gängigen Themen und Problemen, wie sie im Unterricht behandelt, aber auch in anderen Lehr- und Lernsituationen, wie z. B. Projekten und Seminaren, erarbeitet werden können. Da die einzelnen Bundesländer unterschiedliche Curricula aufweisen, ist auf eine Zuordnung zu Schulformen und Jahrgangsstufen verzichtet worden, d. h. die Unterrichtshinweise bleiben für die individuelle Planung durch Schüler und Lehrer bewußt offen. Doch lassen sich die verschiedenen Themenstellungen auf die Anforderungsebenen verschiedener Alters- und Lernstufen übersetzen.

Es folgt eine Übersicht, in der der »Kontext Suchtprävention – Religions-/Ethikunterricht« anhand bestimmter Problemstellungen skizziert wird (Unterrichtsanregungen s. unter C. 9). Die Übersicht ist dreigegliedert:

1. in einen eher informationellen Teil, in dem die Sucht- und Drogenproblematik explizit thematisiert wird mit dem Ziel, vor allem Sachkompetenz herzustellen, wobei aber die emotional-soziale und die Handlungskompetenz ausdrücklich einbezogen sind;
2. in einen eher von Fragen der Persönlichkeitsentwicklung gekennzeichneten Teil, in dem Fragen der Ichidentität, der Ichstabilität, der Selbstwahrnehmung, des Umgangs mit sich selbst thematisiert werden und in dem vor allem auf die individuell-emotionale Kompetenz Wert gelegt wird;
3. in einem stärker sozial orientierten dritten Teil, in dem Fragen der sozialen Identität, der Kommunikation und des Zusammenlebens angesprochen sind und damit vor allem die soziale und Handlungskompetenz anvisiert werden.

*Fragestellung aus der Sucht-
und Drogenproblematik*

*Fragestellung des Religions-
und/oder Ethikunterrichts*

**1. Themenkomplex:
Sucht, Suchtformen, Suchtmittel**

Hauptgewicht: informationelle Auseinandersetzung
(überwiegend sucht- und drogenspezifische Vorbeugung
mit Information und Aufklärung, Gefährdungsvorbeugung:
Sekundärprävention)

Verschiedene Formen der
Sucht: stoffgebunden, nicht
stoffgebunden

Wahrnehmen – Erkennen –
Mitteilen

Umgang mit Suchtmitteln
und Suchtmilieus;
Gefährdungen und ihre Ursachen

Eigene und fremde Verantwortung
Verantwortliche Lebensgestaltung

Gesellschaftliche Erscheinungsformen und Zusammenhänge: Werbung für Suchtstoffe, Geschäfte mit der
Sucht (Alkohol, Nikotin, Medikamente), Konsum und seine Vorbilder

Umgang mit dem Nächsten –
Verantwortung für die Mitmenschen
Richtig – Falsch / Gut – Böse
Schuld und Sünde

Verführung zum Drogenkonsum: Neugier, Langeweile ...

Vergehen – Verbrechen –
Schuld – Sünde
Verantwortlicher Umgang mit
sich selbst
Reue und Umkehr

Sich gegen Suchtmittel entscheiden	Gewissen und Moral Entscheidungsfähigkeit
Feste und Feiern ohne Drogen (Alkohol, Nikotin, Aufputschmittel ...)	Freude und Glück Gesunde Lebensgestaltung
Hilfen gegen die Sucht	Nächstenliebe – Verantwortung – Solidarität Christlichliche Soziallehre und soziale Dienste: Caritas und Diakonie

2. Themenkomplex:
Förderung der Persönlichkeitsentwicklung gegen Suchtgefährdungen

Hauptgewicht: Entwicklung der Persönlichkeit (überwiegend sucht- und drogenunspezifische Vorbeugung, Gefährdungsvorbeugung: vor allem Primärprävention)

Schwierigkeiten der Entscheidung	Entscheidungsfähigkeit, Gewissen, Moral, Richtig – Falsch / Gut – Böse
Wer bin ich? Was kann ich?	Selbsterfahrung – Selbsterkenntnis – Selbstbewußtsein Identität und Lebensgestaltung Gottebenbildlichkeit des Menschen
Unsere Wünsche, Phantasien und Träume	Identität Selbstwahrnehmung und Gefühle

	Selbstkonzept und Lebens-gestaltung
Überwindung von Ängsten	Selbstwahrnehmung Selbstkonzept Helfen – Heilen – Erlösung
Leben für die Zukunft	Verantwortliche Gestaltung des eigenen und Mitgestaltung des Lebens anderer Bewahrung der Schöpfung Gerechtigkeit – Frieden – Freiheit
Mit Problemen umgehen, Krisen überwinden, Konflikte bewältigen	Nächstenliebe – Verantwortung – Solidarität Freundschaft – Liebe – Partnerschaft Identität und Lebensglück
Sich selber fühlen und wahrnehmen	Selbstwahrnehmung Umgang mit eigenen Gefühlen Selbstkonzept Gesundheit: Seele – Leib – Umwelt
Das Wichtigste in meinem Leben	Freude – Leid Leben und Tod Heil – Erlösung Freundschaft und Liebe Wertsuche – Wertentscheidung Sinnsuche – Sinnfindung

3. Themenkomplex
Förderung und Einübung sozialer Fähigkeiten und Fertigkeiten

Hauptgewicht: soziale Beziehungen
(überwiegend sucht- und drogenunspezifische Vorbeugung, zum Teil Gefährdungsvorbeugung: vor allem Primärprävention)

Andere fühlen und wahrnehmen: Mitschülerin, Lehrer ...	Soziale Beziehungen Soziale Werte und Tugenden Ich und die anderen
Mit anderen zusammenleben: mit Eltern, Geschwistern, Freundinnen, Nachbarn ...	Gestaltung sozialer Beziehungen Akzeptanz und Toleranz Verlassenheit und Nähe Freundschaft – Partnerschaft – Liebe
Fragen der Erziehung	Verantwortung der Eltern und der Kinder Autorität und Gehorsam Selbständigkeit und Verantwortung
Vertrauen in sich und in andere	Grundlegung des Vertrauens Soziale Werte und Tugenden Nächstenliebe – Gottesliebe Selbstbewußtsein – Ichidentität Sinn und Glaube
Anerkennung	Soziale Werte Nächstenliebe

Miteinander reden, arbeiten und leben	Soziale Werte Toleranz – Fairneß Ich- und soziale Identität
Feste und Feiern	Freude und Glück Lebensgestaltung Beziehungen und Liebe
Anderen Menschen helfen	Nächstenliebe – Verantwortung – Solidarität – Engagement Christliche Soziallehre Soziale Dienste Caritas und Diakonie
Umwelt gestalten: Gruppe, Schule, Stadtteil	Verantwortung und Bewahrung der Schöpfung Lebensgestaltung und Lebenssinn Nächstenliebe
Dem Gruppendruck widerstehen	Selbstkonzept und Selbstbewußtsein Verantwortung sich und anderen gegenüber Entscheidungsfähigkeit Richtig – Falsch / Gut – Böse

Diese Themen werden in Praxisvorschlägen für Unterricht und Projektarbeit (s. unter C. 9) wieder aufgegriffen.

C.
Praxisvorschläge

Entsprechend dem Grundgedanken, daß der Religions- wie auch der Ethikunterricht unverwechselbare Merkmale und eine pädagogische Eigenständigkeit innerhalb der Schule besitzen, andererseits aber allgemeinen humanitären Zielen folgen, sind die nachfolgenden Praxisbausteine nicht streng auf ausdrücklich religiöse oder ethische Inhalte und Themen beschränkt, sondern bieten Vorschläge und Empfehlungen für zwei Bereiche an:

1. Vor allem Unterricht und Schulprojekte (C. 9.) sind hauptsächlich auf religiöse und ethische Themenstellungen bezogen. Dies geschieht teilweise auch im Bereich außerschulischer Kooperation (C. 8) und Zusammenarbeit mit Eltern (C. 11).

2. Die anderen Praxisvorschläge sind fächerübergreifend zu verstehen, d. h. sie betreffen nicht nur die Fachlehrer und Schüler des Religions- und Ethikunterrichts, sondern alle Lehrkräfte, Schüler, die Eltern, d. h. die ganze Schule.

Die Praxisvorschläge können im gegebenen Rahmen nur verhältnismäßig knapp skizziert werden. Sie dienen der Anregung und Empfehlung, können aber beispielsweise keine ausgearbeiteten Unterrichtsentwürfe oder durchgeplanten Schulprojekte präsentieren. Daher sind die Praxisvorschläge eher als eine Art »Ideensteinbruch« zu verstehen.

Die hier vorgelegten Empfehlungen, Hinweise und Hilfen müssen also an den vorzufindenden Schulsituationen und an den pädagogischen Vorstellungen der Lehrkräfte ankoppeln oder gleichsam wie Bausteine in die schulische Arbeit integriert werden. Wer genauere Information, vorgezeichnete detaillierte Unterrichtsschritte oder sogar Anweisungen wünscht, wird im einzelnen innerhalb der Praxisvorschläge auf entsprechende Angebote in den kommentierten Literaturangaben hingewiesen.

6 Isolationen aufbrechen: Kollegiale Beratung der Lehrkräfte

Alle Lehrerinnen und Lehrer kennen solche oder ähnliche Situationen und Empfindungen:

- Wir regen uns über Schüler auf, können unsere Erregung aber nicht loswerden.

- Wir haben das Gefühl, überfordert zu sein und den Beruf nicht mehr richtig zu schaffen.

- Wir fühlen uns irgendwie ausgebrannt und leer.

- Wir möchten Dampf ablassen, alles einmal loswerden, wissen aber nicht, wie und bei wem.

- Wir haben versagt, wir haben Probleme mit Schülern, mit uns selbst, mit Eltern – aber wir wagen es nicht, darüber zu sprechen, sondern behalten lieber alles schamvoll für uns.

- Wir werden verbittert, wir resignieren über »die Jugend von heute«, über »die da oben in der Bürokratie« ...

- Wir spüren unsere Unerfahrenheit und Unfähigkeit, mit psychosozialen Problemen der Schülerinnen und Schüler angemessen umzugehen.

- Wir spüren, daß wir alt und schwächer werden und fühlen uns den Anforderungen in der Schule nicht mehr ganz gewachsen.

Man hat das Gefühl: Die Situation ist nicht gut, meine Lage ist schlecht. So kann es nicht weitergehen, ich muß etwas tun. Wenn man also Schwierigkeiten nicht verdrängen will – mit langfristigen seelischen, körperlichen und sozialen Folgen –, dann ist es hilfreich, die Probleme aktiv anzugehen.

Was kann man gegen Schwierigkeiten im Lehrerberuf unternehmen?

Es gibt kein Patentrezept, aber eine ganze Reihe von Möglichkeiten im Umgang mit den Problemen des Schulalltags, z. B.:

- mit Kolleginnen und Kollegen darüber sprechen,
- sich mit Schulpsychologen beraten,
- sich für bestimmte Situationen Rat bei einer Erziehungsberatungsstelle holen oder
- sich selbst in eine persönliche Beratung oder Therapie begeben.

Naheliegend ist es zunächst, sich mit den gleichbetroffenen und ähnlich denkenden Kolleginnen und Kollegen auszusprechen.

Was ist mit kollegialer Beratung gemeint?

Kollegiale Beratung ist sowohl informelles Gespräch wie auch gegenseitige Beratung nach einer bestimmten Methode. Sie folgt der Grundidee, daß in der Gruppe zu anstehenden Problemen sowohl eine Erleichterung für die Betroffenen als auch eine Verbesserung in der Sache zu erreichen sind – bei bestimmten, zu vereinbarenden Umgangsweisen miteinander.

Bei der kollegialen Beratung zeigen sich in der Regel zwei Aspekte, gleichsam zwei konzentrische Kreise: Den äußeren Kreis bildet die Situation, der Konflikt, das Problem, das Schwierigkeiten bereitet; der innere Kreis kennzeichnet den Kern des Problems oder die tieferliegenden Gründe der Schwierigkeit: Das können eigene Unzulänglichkeiten oder Ängste, aber auch strukturelle Bedingungen des Schulalltags sein.

Kollegiale Beratung bedeutet Gruppenzugehörigkeit. Im Gegensatz zur Einzelberatung (s. C. 12) erweitert sich die Beratung auf eine größere Komplexität von Meinungen und Verhaltensweisen, wie sie typisch für das Schulleben sind. Zudem wirkt die kollegiale Beratung der Isolation der Lehrkräfte entgegen, dem Zustand des »unkontrollierten und zugleich einsamen Einzelkämpfers«, der entgegen der objektiven Wirklichkeit unter Umständen nicht mehr spürt, daß er auf Unterstützung und Korrektur angewiesen ist, dieselbe aber auch anderen geben muß. Die Kommunikation schafft Erleichterung, Entlastung und Solidarität und Stärkung zugleich. In der kollegialen Beratung ist jede/r grundsätzlich in gleicher Weise Gebende/r und Nehmende/r. Die kollegiale Beratung hat damit in gewisser Weise auch die Funktion einer Selbsthilfegruppe.

Sehr oft wird gefragt: »Was habe ich von der kollegialen Beratung?« Diese Frage kann eine typische Berufseigenart von Lehrern offenbaren: die Produktorientiertheit. Kollegiale Beratung darf sich jedoch nicht nur am Produkt ihrer Arbeit orientieren, denn der Ertrag ist nicht immer eindeutig wie ein Werkstück erkennbar bzw. das Ergebnis der kollegialen Beratung nicht immer direkt, d. h. sofort spürbar nutzbringend auf die Praxis anwendbar. Diese Art der Beratung liefert eben kein Patentrezept für die nächste Unterrichtsstunde, für den nächsten Konflikt, für die nächste Elternbesprechung.

Vielmehr ist kollegiale Beratung stark prozeßorientiert, d. h., daß innerhalb der Arbeit selbst allmählich Verbesserungen entstehen, die eher struktureller Art sind. Zwar will kollegiale Beratung auch Hilfen für Situationen, für konkrete Fälle bieten. Doch sie will mehr erreichen: eingeschränkte Sichtweisen erweitern, neue Orientierungen bieten, Mut und Zuversicht geben, Kompetenzen qualifizieren – sämtlich Erträge, die eher im Sinne einer Einstellungs- und Verhaltensverbesserung langfristig wirken, d.h. auch entlasten können.

Was hat kollegiale Beratung mit Suchtvorbeugung zu tun?

Die Antwort ist eigentlich ganz einfach: Gegenseitige Beratung der Lehrerinnen und Lehrer – unter Umständen mit gelegentlicher Hilfe durch eine Fachkraft aus dem Bereich der professionellen Beratung (Sozialarbeiter, Sozialpädagogin, Psychologe) – hilft mit Alltagsschwierigkeiten in der Schule, zu denen auch Sucht- und Drogenprobleme gehören, besser fertig zu werden, d. h. in mitmenschlicher Weise sinnvoller damit umzugehen. Wenn dies gelingt, geht es allen besser: den Lehrkräften selbst, aber auch den Schülerinnen, Schülern und den Eltern. Kompetenzerweiterung vor allem im psychosozialen Bereich bedeutet auch eine Qualifizierung der Suchtprävention der Schule.

Welche Arbeitsschritte müssen oder sollten in der kollegialen Beratung getan werden?

Ähnlich einer Selbsthilfegruppe sind auch die Teilnehmerinnen und Teilnehmer der kollegialen Beratung souverän in der Vorgehensweise. Eine einzige verbindliche Methode gibt es nicht. Aber es ist sinnvoll, sich an eine bestimmte Ordnung zu halten.
Für das Verfahren innerhalb der Gruppe empfehlen sich im allgemeinen folgende Schritte (in Grobskizzierung):

Allgemeine Arbeitsschritte in der kollegialen Beratung

1. *Die Klärung der Arbeitsformen:*
   Wer soll die Gruppe leiten? Um welches Thema geht es? Wer trägt in der heutigen Sitzung sein Anliegen vor? Wie viele Anliegen können und wollen wir verhandeln? Wieviel Zeit nehmen wir uns?
2. *Vortrag der Anliegen bzw. des Problems:*
   Ein oder mehrere Teilnehmer/innen tragen vor: eine Situation, ein Problem, eine Befindlichkeit.
3. *Gespräch, Bearbeitung, Auseinandersetzung mit dem Anliegen:*
   Alle Gruppenmitglieder setzen sich mit dem Anliegen / dem Problem auseinander. Dabei stehen unterschiedliche Methoden zur Verfügung: Gesprächsformen, Blitzlicht, Rollenspiel, Planspiel, Erörterungen von Lösungen.
4. *Rückblick, Zusammenfassung, Ergebnisse (prozeß- und produktorientiert):*
   Die Teilnehmer/innen äußern sich zum Verfahren, d. h. zum Verlauf der Beratungssitzung, fassen die Ergebnisse zusammen, geben einen Ausblick auf den nächsten Termin: eventuelle Festsetzung eines weiteren Anliegens oder offener Termin.

In der kollegialen Beratung spielen Fallbearbeitungen eine wichtige Rolle, weil sich an ihnen exemplarisch sowohl institutionelle wie auch persönliche Probleme festmachen lassen. Dio Fallberatung hat somit sowohl einen aktuellen Bezug wie auch eine strukturelle Bedeutung. Ziel ist es, Probleme im Umgang mit Schülern, mit Kollegen, mit Eltern oder mit Vorgesetzten so durchzuarbeiten,

- daß die eigenen persönlichen Anteile, die eigene Betroffenheit in der Situation deutlich wird;

- daß die verschiedenen sozialen Beziehungen innerhalb der Situation erkennbar (gemacht) werden;

- daß die Fähigkeiten und Erfahrungen der Teilnehmer/innen zur Auseinandersetzung und zur Problembewältigung aktiviert werden;

- daß alle Teilnehmer/innen sich um eine gemeinsame Problemlösung bemühen.

Folgender Ablauf ist zu empfehlen:

Arbeitsschritte in der kollegialen Fallbearbeitung

1. *Auswahl eines bestimmten Problems*
   Die Teilnehmer/innen entscheiden in der Gruppe, welches der anliegenden Probleme behandelt werden soll.

2. *Fallbericht: Situation und eigene Empfindungen*
   Das betroffene Gruppenmitglied stellt den Fall dar, und zwar mit der Beschreibung der eigenen Gefühle zur Zeit des Ereignisses und jetzt im Augenblick des Berichts: »Ich habe mich im Konflikt gefühlt ...«, »Ich fühle mich jetzt ...«

3. *Blitzlicht: Gefühle bei der Falldarstellung*
   Die Teilnehmer/innen äußern ihre eigenen Gefühle angesichts des Fallberichts, z. B. inwieweit sie sich selbst betroffen fühlen:
   »Ich kann das gut nachempfinden ...«, »Ich habe Schwierigkeiten, Deine/Ihre Gefühle nachzuempfinden ...«, »Ich hätte ähnliche Ängste wie Du/Sie, denn eine ähnliche Situation habe ich auch einmal durchlebt ...« o. ä.
   An dieser Stelle ist es wichtig, noch keine Stellungnahmen abzugeben oder Lösungsvorschläge zu unterbreiten, um nicht vorschnell die Gefühle der anderen zu übergehen.

4. *Nachfragen / Rückfragen: Vertiefung des Verständnisses des Falls und der Situation der/des Betroffenen*
   In der Regel benötigen die Teilnehmer genauere Informationen zum Fall, auch zum tieferen Verständnis der Lage der oder des Betroffenen. Oftmals werden die Gefühle oder auch Situationsdetails deutlicher, wenn sie in einem Rollenspiel des geschilderten Falls noch einmal aufgegriffen werden.
   Auch in dieser Arbeitsphase ist es wichtig, noch keine Deutungen, Erklärungen oder Lösungsansätze zu formulieren, damit die genaue Beobachtung der Gefühle und Situationsdetails nicht verkürzt wird.

5. *Identifizierung: Sich in die Rolle der/des Betroffenen versetzen*
   Um besser nachempfinden zu können, in welcher Lage die/der Betroffene war oder jetzt ist, versetzen sich die Teilnehmer in deren/dessen Rolle: »Ich als X, ich in Deiner/Ihrer Lage hätte..«. Dabei kommen eigene Gefühle, Phantasien, Wünsche, Bedürfnisse, Handlungsabsichten aller Teilnehmer zum Ausdruck. Dabei geht es auf gar keinen Fall um die »richtige« Empfindung oder um die »einzig mögliche« Lösung des Problems, sondern um die Äußerung dessen, was man in der Rolle der/des Betreffenden wahrscheinlich so oder anders gefühlt oder getan hätte.

6. *Lösungsversuche: Gemeinsames Bemühen um Bewältigung*
   Jetzt geht es um die eigene Phantasie, mit der Situation, mit dem Problem fertig zu werden. Alle Teilnehmer/innen bringen Vorschläge ein, die z. B. auf einer Wandzeitung festgehalten, ggf. durch ein kurzes Rollen- oder Planspiel verdeutlicht werden.

7. *Rückblick: Zusammenfassung oder Resümee der Fallbearbeitung*
Die/der Betroffene wie auch die Teilnehmer/innen haben die Möglichkeit, sich zur Fallbearbeitung zu äußern, ob und wie sie profitiert haben, was hätte anders sein können und verbessert werden sollte.

Mit welchen möglichen Fragen und Problemen bei der kollegialen Beratung müssen die Beteiligten umgehen?

Wer übernimmt die Gruppenleitung? Sollte die Gruppenleitung mit jeder Sitzung wechseln? Sollte sich die Gruppenleitung für diese Arbeit speziell schulen lassen?

Wie können die vielfältigen Wünsche und Interessen der Teilnehmer/innen berücksichtigt und aufeinander abgestimmt werden?

Welche Räumlichkeit ist für die Gruppe am günstigsten: in der Schule, im Raum einer Kirchengemeinde, in einem örtlichen Gemeinschaftshaus, in der Wohnung eines Gruppenmitglieds?

Welche Ansprüche werden an die Vorgehensweise gestellt: zügiges konzentriertes Vorgehen oder mehr lockere und gemütliche Atmosphäre?

In welchen Zeitabständen soll sich die Gruppe treffen: wöchentlich, vierzehntäglich, monatlich, vierteljährlich?

Welche Methoden sind erforderlich, um die stillen, die lauten, die schweigsamen, die gesprächigen, die langsameren, die schnellen, die zögerlichen, die offensiven, die zurückhaltenden und die energischen Typen in der Gruppe zu einem ausgeglichenen Arbeitsverfahren mit Ertrag für alle zu bringen?

Wie direkt auf den Schulalltag muß die kollegiale Beratung ausgerichtet sein? Dürfen auch Probleme behandelt werden, die über die konkrete Schulwirklichkeit hinaus auch allgemeinere Fragen der Pädagogik, des Schulsystems o.ä. betreffen?

Wie sollen die Arbeitsergebnisse gesichert werden? In welcher Weise kann der Praxistransfer geleistet werden?

Wie weit darf / muß die Selbstverpflichtung der Gruppenmitglieder zur aktiven Teilnahme gehen, damit die kollegiale Beratung nicht unter ständigem Teilnehmerwechsel und unter Unverbindlichkeit leidet? Wie also ist Kontinuität zu sichern?

Organisations- und Verfahrensfragen der Gruppe
»Kollegiale Beratung«

Wer initiiert die Gruppe?
Wer nimmt teil?
Welche Ziele sollen gelten?
Welche Inhalte sollen bearbeitet werden?
Nach welchen Methoden soll gearbeitet werden?
Wer leitet die Gruppe?
Wie kann die Kontinuität der Arbeit gesichert werden?
Welche äußeren Rahmenbedingungen müssen
geschaffen werden?
Welche Hilfen benötigt die Gruppe ggf. von außen?

---

7 Den eigenen Standard verbessern: Lehrerfortbildung

Nach den Ansprüchen und praktischen Notwendigkeiten vor Ort bemißt sich die Zielsetzung der Lehrerinnen- und Lehrerfortbildung für Sucht- und Drogenvorbeugung in der Schule. Generell können diese Ziele anvisiert werden:

• ein Bewußtsein für die Notwendigkeit der Suchtprävention zu wecken oder zu stärken,

• Maßnahmen innerhalb eines Aufgabenfeldes anzuregen,

• zusätzliche Kompetenzen zu erwerben und

• neue hilfreiche Wege und Formen kooperativer Suchtprävention zu finden.

Entsprechend der genannten Zielsetzungen soll das Fortbildungsprogramm die eigenen Kompetenzen sichern und erweitern helfen, wobei vorhandene Erfahrungen und Fähigkeiten eine wichtige Grundlage darstellen:

1. Erweiterung der kognitiven und Sachkompetenz:

Informationen über die Sucht- und Drogenproblematik, über Prävention und Hilfe einschließlich der Organisation und Institutionalisierung der Suchtvorbeugung. Dazu gehören folgende Inhalte:

- Zusammenhänge von Konsum, Genuß, Gewöhnung, Mißbrauch, Abhängigkeit und Sucht,
- Ursachen und Bedingungen süchtigen Verhaltens,
- Sachkunde zu verschiedenen Suchtmitteln,
- fachliche und berufliche Standpunkte zur Sucht- und Drogenproblematik,
- Ebenen, Konzeptionen und Wege der Suchtprävention,
- Möglichkeiten und Grenzen der Sucht- und Drogenberatung, Therapie, Nachsorge und Rehabilitation,
- Kenntnis der wichtigsten Aussagen des Betäubungsmittelgesetzes.

2. *Erweiterung der psychosozialen Kompetenz:*

eigene Einstellung zur Sucht- und Drogenproblematik,
Verhältnis zu den eigenen Suchtgefährdungen,
Bereitschaft zum Engagement. Dazu gehören folgende
Inhalte:

- eigene Sichtweisen und persönliche Einstellungen zur Frage nach Konsum und Genuß,
- eigene Gewöhnungen an, Gefährdungen durch und Abhängigkeiten von Genußmitteln und Erlebniszuständen,
- Fähigkeiten und Schwierigkeiten im Umgang mit eigenen Suchtgefährdungen,
- Bereitschaft zu Selbstkritik und Selbstkorrektur,
- Klärung der eigenen Rolle gegenüber den eigenen Adressaten,
- Bereitschaft zum Engagement,
- Bewußtsein der eigenen Möglichkeiten und Akzeptanz der eigenen Grenzen.

3. *Erweiterung der Handlungskompetenz:*

Einübung und Praxis der Suchtprävention in unterschiedlichen Situationen und Aufgabenbereichen. Dazu gehören folgende Inhalte:

- Anwendung von Kenntnissen auf verschiedenen Ebenen und in verschiedenen Situationen der Prävention,

- Gestaltung personzentrierter Kommunikation,

- Zusammenarbeit mit MitarbeiterInnen außerschulischer Einrichtungen.

Für die konkrete Ausgestaltung der Lehrkräftefortbildung sind unterschiedliche Formen möglich, wobei es wünschenswert ist, wenigstens in einer knappen Form bereits Lehramtsanwärter (Studienzeit oder Referendariat) an die schulische Suchtprävention heranzuführen, weil jede Lehrkraft irgendwann einmal mit dieser Problematik konfrontiert wird. Nachfolgend werden einige Grundmodelle vorgestellt, die sowohl in der Ausbildung von Lehramtsanwärtern, in der schulinternen wie schulübergreifenden, kurz- und langfristigen Fortbildung praktikabel sind.

Es sollte auch erwogen werden, in die Fortbildungsveranstaltungen gelegentlich sowohl Eltern wie auch Schülerinnen, Schüler bzw. deren Vertreter einzuladen, die ja die wichtigsten Partner der schulischen Suchtprävention sind und mit denen das Gespräch intensiv geführt werden muß, anstatt über sie zu reden.

Auch wenn Lehrkräftefortbildung im Bereich der Suchtprävention zunächst auf private Initiative hin startet, sollte sie öffentliche Anerkennung und Unterstützung finden, z. B. Dienstbefreiung und Finanzierung durch die Schulbehörden; d. h., daß Lehrkräfte sich auch für die Akzeptanz eigener Initiativen in der Suchtprävention engagieren, wo diese noch nicht gewährleistet ist. Schließlich ist schulische Suchtprävention kein Privatunternehmen oder gar das Feld zum Ausagieren von Helferbedürfnissen, sondern ein Teilziel öffentlicher Gesundheitsförderung und -erziehung, mithin der Gesundheitspolitik.

Eintägiges Kompaktseminar

Das eintägige Kompaktseminar eignet sich am ehesten für die Kurz- oder Einführungsinformation für einen Adressatenkreis, der sich nicht permanent mit der Suchtproblematik beschäftigt, aber für Suchtprävention sensibilisiert bzw. in die Lage versetzt werden soll, Wege und Methoden für die weitere eigene Qualifikation zu finden. Das kann im Rahmen der schulinternen Lehrerfortbildung, der Ausbildung von Lehramtsanwärtern oder auch mit gemischten Personengruppen, z. B. Schüler/innen, Eltern, Lehrkräften, stattfinden.
Folgende mögliche Arbeitsbausteine bieten sich an:

- Informationen über die Sucht- und Drogenproblematik in der Stadt, Region, an der eigenen Schule,
- Sachinformationen über Sucht und Drogen,
- Gespräche, Diskussionen und Handlungsorientierungen für das Vorgehen an der eigenen Schule,
- Gruppenarbeitsteilige Auseinandersetzung mit ausgewählten Fallbeispielen,
- Fallsupervision,
- Rollenspiel,
- Planspiel.

Als Referentinnen, Moderatoren oder Supervisor können Schulpsychologinnen oder Mitarbeiter aus einer Jugend- und Drogenberatungsstelle zur Verfügung stehen, ebenso präventionserfahrene Beratungslehrer aus anderen Schulen. Wichtig ist es, das Kompaktseminar nicht so zu verdichten, daß man in Hektik verfällt. Sinnvoll ist eine gute Vorbereitung; das Hauptgewicht weniger auf umfangreiche Sachinformationen zu legen, als vielmehr einen inneren Bezug oder Betroffenheit herzustellen. Daher sollte die eigene Situation der Teilnehmerinnen und Teilnehmer, die Auseinandersetzung mit Alltagssituationen und die Handlungsorientierung stärker im Vordergrund stehen (zur Struktur des Kompaktseminars siehe Beispiel Elternkompaktseminar in C. 10).

Mehrtägiges Seminar

Das mehrtägige Seminar hat gegenüber dem eintägigen Kompaktseminar den Zeitvorteil: Man kann sich für alle Arbeitsschritte mehr Zeit nehmen, längere Entspannungsphasen einlegen und die Möglichkeit informeller Gespräche außerhalb des Arbeitsplans nutzen. Zudem ist es leichter, ein Handlungskonzept – vor allem wichtig für die schulinterne Fortbildung – zu entwerfen, wenn die Zeit nicht so drängt. Allerdings darf man nicht den Fehler begehen, an ein mehrtägiges Seminar besonders hohe Ansprüche zu stellen und möglichst viele Arbeitsschritte einzubauen, weil man ja »die Zeit nutzen« will. Weniger ist auch hier oftmals sehr viel mehr!
Methodisch stehen grundsätzlich dieselben Möglichkeiten zur Verfügung wie beim Kompaktseminar, eben nur mit mehr Zeit und größerer Intensität.

Seminarreihe

Die Seminarreihe erweitert noch einmal die Möglichkeiten des mehrtägigen Seminars. Zwar besteht ihr Nachteil in der zeitlichen Distanz der einzelnen Termine voneinander, was vielleicht den Kontakt der Teilnehmenden untereinander beeinträchtigt. Andererseits liegt ihr Vorzug in der Konfrontation mit der Alltagsrealität zwischen den einzelnen Seminaren, die ein besseres Praxisfeedback und damit eine Aufarbeitung von neu entstehenden Fragen ermöglicht. Unter Umständen könnten Praxiserfahrungen durch den Besuch einer Beratungs- oder Therapieeinrichtung o. ä. erweitert, ergänzt und in Ruhe aufgearbeitet werden.

Die Seminarreihe als Sequenz verschiedener Veranstaltungen kann sowohl als schulinterne Lehrerfortbildung, als Angebot der zuständigen regionalen oder landesweiten Lehrerfortbildungseinrichtung oder auch im Rahmen einer Volkshochschule stattfinden. Gerade in einer solchen Veranstaltungsreihe wäre der Kontakt mit Schülerinnen, Schülern und Eltern angebracht und leicht zu ermöglichen.

Die Seminarreihe bietet die Chance, ausführlicher handlungsorientiert zu arbeiten als beispielsweise im Kompakt- oder mehrtägigen Seminar. Die Teilnehmenden profitieren für ihre eigene Präventionstätigkeit am meisten, wenn praktische Übungen erfolgen:

- Rollenspiele,
- Planspiele,
- kollegiale Lehrerberatung,
- Supervision,
- klientenzentrierte Gesprächsführung,
- Gestaltung eines Elternabends zum Thema Suchtprävention,
- Unterrichtsgestaltung zum Thema Sucht und Drogen,
- Aufbau eines schulinternen Informations- und Beratungssystems,
- Aufbau schulübergreifender / außerschulischer Kooperation,
- Fortsetzung der eigenen Fortbildung über diese Veranstaltung hinaus.

Informeller Gesprächs- und Übungskreis

Hier treffen sich Lehrerinnen und Lehrer einer Schule, die ein Interesse an Gedanken- und Erfahrungsaustausch über die Berufstätigkeit, speziell die Prävention haben, sich korrigieren und miteinander etwas einüben wollen, das nicht den höheren Anspruch der kollegialen Lehrerberatung und Supervision verfolgt. Die Organisation ähnelt der einer Selbsthilfegruppe, d.h. die Teilnehmenden bestimmen ihr eigenes Vorgehen vollständig selbst. Wichtig ist lediglich, daß sie sich zum eigenen Lehrerkollegium nicht in Selbstabgrenzung und Isolation begeben. Wichtigste Verfahrenselemente sollten denen einer Selbsthilfegruppe ähnlich sein (dazu s. in C. 10).

Während die vorgenannten Modelle direkt der Lehrkräftefortbildung und mehr dem Einstieg in ein relativ neues Gebiet dienen, sind die nachfolgenden Modelle zunächst primär auf Formen der Kooperation bezogen, haben aber durch das Prinzip des Lernens in und durch die Praxis die Funktion immanenter Fortbildung.

Moderatorenmodell

Das Moderatorenmodell ist eine Mischung aus Kooperation erfahrener Lehrkräfte, kollegialer Lehrerberatung und immanenter Fortbildung, bei der Lehrerarbeitskreise von präventionsversierten Lehrkräften (Moderatoren) geleitet werden. Das Ziel besteht darin, Lehrkräfte für die schulische Suchtprävention zu qualifizieren, fortzubilden und beratend und helfend in der Präventionspraxis zu begleiten. Dabei werden auch außerschulische Fachkräfte hinzugezogen. Das Moderatorenmodell hat den Vorteil, daß Insider, nämlich Lehrkräfte, die die Arbeit vor Ort kennen, den Arbeitskreis moderieren und damit Theorie und Praxis, Fortbildung und Schulalltag miteinander verknüpfen.

Das Moderatorenmodell ist auf Kontinuität hin angelegt. Damit bietet es längerfristige Zusammenarbeit, Aufbau einer gruppeneigenen permanenten Fortbildung und deren unmittelbare Umsetzung in die Praxis. Dabei kommen je nach den Entscheidungen der Gruppe unterschiedliche Organisationsformen und Methoden zum Tragen (siehe unter A bis C). Langfristig bedarf das Moderatorenmodell, auch wenn es aus privater Initiative entstanden ist, der öffentlichen Unterstützung durch die Schulbehörde. Selbst wenn dadurch administrative Elemente miteinfließen, bedarf diese Form der Arbeit unbedingt der allgemeinen Akzeptanz im schulischen Bereich und darf nicht bloße Privatveranstaltung bleiben, zumal sie relativ aufwendig ist.

Kooperationsmodell Schule – Außerschulische Einrichtungen

Dieses Kooperationsmodell ähnelt dem Moderatorenmodell, ist aber von Beginn an eine Art der Zusammenarbeit zwischen Schule und den ihr nächststehenden Einrichtungen. Das sind in der Suchtprävention in der Regel der schulpsychologische Dienst und die örtliche Sucht- und Drogenberatungsstelle. Diese Zusammenarbeit ist vielfach bereits institutionalisiert und kann nach Bedarf auf weitere Einrichtungen der Jugendhilfe ausgeweitet werden. Der Vorteil besteht in einer Konzentration der Aufbauarbeit schulischer Suchtprävention und in einer sinnvollen Arbeitsteilung. So kann die Schule beispielsweise Schullaufbahnberatung leisten, der schulpsychologische Dienst bei Lern- und Leistungsschwächen einer Schülerin helfen und die Beratungsstelle ggf. Krisenintervention betreiben, wo die beiden anderen Einrichtungen nicht eingreifen können.

Der wesentliche Unterschied zum Moderatorenmodell besteht in der Betonung der schulübergreifenden Aufgaben, da Leben, Sorgen, Probleme und Krisen von Kindern und Jugendlichen ja nicht allein in der Schule verbleiben. Gerade mit Blick auf

die nach wie vor relativ stark fachwissenschaftliche und fach-
didaktische Ausbildung von Lehrkräften ist eine (institutionali-
sierte) Ausweitung der Schularbeit auf sozialpädagogische
und psychologische Perspektiven hin erforderlich.

Diese Kooperation kann sich organisieren in

- ständigen Arbeitskreisen,
- Fortbildungsveranstaltungen zur Suchtprävention,
- regelmäßigen Schulprojekten,
- Beratungsbereitschaften und Sprechstunden.

Modell Kommunale Arbeitsgemeinschaft

Dieses Modell folgt der Erfahrung, daß Suchtprobleme keine
isolierten Phänomene darstellen, sondern stets im sozialen
und gesellschaftlichen Kontext zu sehen sind. Auch wenn
Suchtkrankenhilfe zunächst nicht das Thema der Schule ist,
so sind doch zahlreiche Formen der Beratung und Hilfe auch
schulrelevant, weil sie Kinder und Jugendliche betreffen. Viele
Einrichtungen der Jugendberatung und Jugendhilfe arbeiten
eng miteinander zusammen, aber weitgehend neben der
Schule her. Teilweise besteht sogar eine gewisse Konkurrenz
und Aversion, weil außerschulische Einrichtungen die psychosozialen Schäden, die in Verbindung mit der Schule entstehen,
aufarbeiten. Es müßte im Gegenteil angestrebt werden, daß
die Institution, die am intensivsten mit allen Kindern und Jugendlichen zu tun hat, nämlich die Schule, eine besondere
psychosoziale Qualifizierung erhält und intensiv mit anderen
Institutionen kooperiert.

Über das Kooperationsmodell hinaus wäre eine ständige Zusammenarbeit aller Einrichtungen der Sucht- und Drogenhilfe
einschließlich der Schule denkbar, z. B. in einer Art kommu-
nalen oder regionalen Arbeitsgemeinschaft, an der Jugendhel-

fer, Sucht- und Drogenberaterinnen, Vertreter von anderen Beratungseinrichtungen, von Jugend-, Sozial- und Gesundheitsamt, von Polizei und schulpsychologischem Dienst beteiligt sein könnten.

Von schulischer Seite sollten weniger oder gar nicht Schulaufsichtsbeamte teilnehmen und mitarbeiten, sondern Lehrkräfte, die in der ständigen praktischen Suchtprävention stehen. Eine solche Funktion könnten beispielsweise die bereits angesprochenen Moderatoren übernehmen, die sowohl aus den Lehrerarbeitskreisen Interessen in diese Arbeitsgemeinschaft tragen und andererseits Anregungen für die Suchtprävention in die Schulen bringen, und zwar:

- über die regelmäßige Teilnahme an den Sitzungen des Arbeitskreises,
- durch Hospitationen in außerschulischen Einrichtungen,
- durch Betriebspraktika von Präventionslehrern in außerschulischen Einrichtungen,
- durch Teilnahme an nicht schulspezifischen Fortbildungsveranstaltungen,
- durch Organisation von Kontakten der Schule mit verschiedenen Einrichtungen.

Damit bestünde die Chance, die Zusammenarbeit von Schule und außerschulischen Einrichtungen flankierend aufzuwerten und stärker in die Öffentlichkeit und somit auch in das gesundheitspolitische Bewußtsein der Allgemeinheit zu bringen.

8

Mit kompetenten Partnern arbeiten: Außerschulische Kooperation (einschließlich Adressen)

In der Sucht- und Drogenhilfe herrscht die einschlägige Erfahrung: »Es gibt kein isoliertes Sucht- und Drogenproblem«. Genausowenig gibt es eine isoliertes Sucht- und Drogengefährdung. Daher ist es sinnvoll, die schulische Suchtvorbeugung nicht nur auf das Sucht- und Drogengebiet allein zu beschränken, sondern im Sinne des ganzheitlichen Präventionsansatzes auf die Hilfe für den ganzen Menschen, d. h. auch auf die unterschiedlichen Lebensbereiche hin anzulegen.

Da die Schule bestimmten rechtlichen Bedingungen unterworfen ist und zudem bestimmte Regeln zu beachten sind, empfiehlt sich folgendes Vorgehen:

• Die Prinzipien und Formen der Kooperation zwischen allen in der Schule beteiligten Personen müssen abgestimmt werden, z. B. mit der Konferenz, mit der Schulleitung etc. Zur Zusammenarbeit mit außerschulischen Partnern sollten Lehrerkollegium, Schulleitung, Schülerinnen, Schüler und Eltern informiert werden. Damit wird einerseits innerhalb der Schule ein Signal der Kooperation gegeben, andererseits möglichen Mißverständnissen bei präventiven Aktivitäten vorgebeugt.

- Zudem muß abgeklärt werden, wieweit die Kooperation mit den außerschulischen Partnern gehen kann, ohne zu Schwierigkeiten innerhalb der eigenen Schule zu führen, und welchen Handlungsspielraum die jeweilige Lehrkraft hat.

- Grundsätzlich sollten, auch wenn alle Modalitäten geklärt sind, alle Lehrkräfte wenigstens kurz informiert sein, wenn außerschulische Fachkräfte innerhalb der Schule auftreten.

1. Schulpsychologischer Dienst

Schulpsychologen können als wichtige Ansprechpartner der Schulen primär- und sekundärpräventive Aufgaben sowie Kriseninterventionen dort leisten, wo Lehrerinnen und Lehrer an die Grenzen ihrer eigenen Fähigkeiten stoßen:

- in der Einzelfallhilfe für lern- und verhaltensauffällige und -gestörte Schüler in Zusammenarbeit mit Lehrkräften und Eltern,

- in der Einzelfallhilfe als allgemeine und spezielle Suchtvorbeugung gegen Auffälligkeiten und Störungen bei Schülern,

- in der Krisenintervention und Weiterleitung von Schülern an andere Beratungs- und Therapieeinrichtungen,

- in der Schullaufbahnberatung,

- in der Beratung und Hilfestellung für Lehrkräfte, Schülerinnen, Schüler und Eltern in Problem- und Krisensituationen, auch bei Sucht- und Drogenproblemen,

- in der Unterstützung der Schule, sich mit sozialen Diensten der Stadt und Region zu vernetzen.

2. Lehrerarbeitskreise

Es gibt unterschiedliche Möglichkeiten, Lehrerarbeitskreise zu bilden: zu bestimmten Anlässen als nicht kontinuierliche Gruppen, als ständig und regelmäßig kooperierende Kreise, ohne oder mit spezieller Zielsetzung und Thematik, schulformbezogen und -übergreifend, schulintern oder schulübergreifend, in Form von Arbeitskreisen oder als Selbsthilfegruppe, eigenständig oder mit ständiger bzw. zeitweiliger Begleitung durch schulpsychologischen Dienst und Beratungseinrichtungen (s. C. 7):

Lehrerarbeitskreise bieten folgende Vorteile:

- das Kennenlernen von Kolleginnen und Kollegen benachbarter Schulen und anderer Schulformen und damit das Überwinden falscher Vorstellungen und Vorurteile mit der Chance des besseren Verstehens und der Erweiterung des eigenen Erfahrungshorizonts,

- Austausch von Erfahrungen aus den jeweiligen Präventionsprogrammen der verschiedenen Schulen und damit die Erweiterung und Ergänzung eigener Ideen und Aktivitäten,

- Möglichkeiten kollegialer Beratung und Supervision,

- Erleichterung und Bereicherung gemeinsamer Fort- und Weiterbildung,

- Solidarität für gemeinsame Aktionen mehrerer Schulen zugunsten der Sucht- und Drogenvorbeugung auf regionaler Ebene, ggf. mit breiter Öffentlichkeitsarbeit.

3. Jugendzentren

Jugendzentren als mögliche sinnvolle Ergänzung zu Elternhaus, Schule und Ausbildung können mit der Hilfe der Mitarbeiterinnen und Mitarbeiter dazu beitragen, Sozialisationsdefizite auszugleichen, Krisenintervention zu leisten und möglichen Störungen vorzubeugen. Damit können Jugendzentren die Präventionsarbeit der Schule ergänzen. Die Kontaktaufnahme zwecks Beratung, Planung und Durchführung gemeinsamer Aktivitäten kann sich beziehen auf

- kontinuierliche Stadtteilarbeit einschließlich kontinuierlicher Eltern- bzw. Familienarbeit und -hilfe,

- Einzelprojekte für Kinder und Jugendliche im Jugendzentrum und/oder in der Schule,

- Gestaltung von Schul- und Stadtteilfesten.

4. Jugend-, Drogen- und andere Beratungsstellen

Diese Einrichtungen sind wichtige Anlaufstellen für alle, die Beratung und Hilfe sowohl einmalig als auch über einen längeren Zeitraum benötigen. In der Regel sind die Einrichtungen untereinander vernetzt bzw. stehen im ständigen Kontakt zueinander und arbeiten mit Ämtern, Betrieben und Selbsthilfegruppen zusammen.
Beratungseinrichtungen können im Rahmen ihrer Möglichkeiten für die Schulen außerordentlich hilfreich sein:

- bei der Information für Unterrichtsvorhaben speziell mit Sucht- und Drogenthemen,

- durch Mithilfe bei der Gestaltung von Elternabenden und weiterführender Zusammenarbeit mit Eltern,

- für die schulinterne und schulübergreifende Lehrerfortbildung,

- mit der Beteiligung an anderen Schulveranstaltungen wie Konferenzen über Sucht- und Drogenfragen, Schulprojekten oder Podiumsdiskussionen,

- für die Lehrkräftefortbildung,

- bei der Krisenintervention durch die jeweilige besondere Fachkompetenz.

Zusätzlich könnte vereinbart werden, daß sich eine Mitarbeiterin oder ein Mitarbeiter der Beratungseinrichtung als Kontaktperson zur Verfügung stellt, um für gemeinsame Unternehmungen, aber auch bei Kurzanfragen ohne allzu großen Aufwand zur Verfügung zu stehen. Zahlreiche Beratungseinrichtungen haben Präventionsspezialisten bzw. Schulkontaktleute, weil hier ein großer Nachfragebedarf besteht, wenn erst einmal die Zusammenarbeit aufgenommen worden ist.

5. Selbsthilfegruppen

Die Authentizität der eigenen Betroffenheit kann Mitglieder von Selbsthilfegruppen zu kompetenten Vermittlern von Erfahrungen im Umgang mit eigenen Sucht- und Drogenproblemen machen. Es empfiehlt sich, gerade wegen der hohen Betroffenheit dieses Personenkreises, klare Absprachen für das Vorgehen zu treffen, um nicht zu intensiv in das persönliche Erleben der Selbsthilfegruppenmitglieder zu geraten. Die Zusammenarbeit mit Betroffenen kann diese Vorteile bringen:

- durch die Kompetenz der Betroffenheit: authentische Informationen über die verschiedenen Formen und Phasen der Abhängigkeit und Sucht und deren Überwindung,

- durch die Lebendigkeit und Anschaulichkeit des eigenen Beispiels: Kontrast und Abwechslung gegenüber fachwissenschaftlichen Sachinformationen,

- durch die Erfahrung der eigenen oder der Suchterfahrungen von Verwandten und Nahestehenden: Glaubwürdigkeit der eigenen Befindlichkeit,

- durch die Darstellung der Überwindung eigener Probleme: Zeugnis eines sinnerfüllten Lebens ohne bzw. gegen Sucht und Drogen.

6. Ärzte

Nur bei ausgeprägtem Präventionsbewußtsein sind Ärzte zweckmäßige Informanten, Berater und Helfer bei der schulischen Vorbeugungsarbeit. Dazu gehört auch, daß Ärztinnen und Ärzte nicht nur über theoretisches Wissen, sondern auch über eine gewisse Erfahrung im Umgang mit Abhängigen und Suchtkranken verfügen. Das bedeutet zudem, daß diese Ärzte ein ausgeprägtes und selbstkritisches Problembewußtsein gegenüber Medikamentenmißbrauch besitzen sollten. Unterstützend können Ärzte wirken

- bei Elternveranstaltungen mit Themen zur Gesundheitserziehung und zu Suchtfragen,

- bei Lehrerarbeitskreisen zu (sozial-)medizinischen und pharmakologischen Fragen,

- bei Lehrerkonferenzen,

- in der Lehrkräftefortbildung,

- in der Krisenintervention mit medizinischer Notfallhilfe.

Da Ärzte in der Regel wenig Zeit haben und sich nicht an vielen Schulen verpflichten können, sollte überlegt werden, ob nicht durch eine zentrale Veranstaltung von Lehrerarbeitskreisen, im Rahmen der Lehrerfortbildung oder einer allgemeinen regionalen Veranstaltung zur Gesundheitserziehung dem Bedürfnis nach medizinischer Aufklärung Rechnung getragen werden könnte, ohne die Referentinnen und Referenten auf vielen kleineren Veranstaltungen binden zu wollen (mit der Gefahr vieler Absagen).

7. Ämter

Auch wenn Vorbehalte gegenüber Behörden bestehen, unter bestimmten Voraussetzungen sind der Kontakt, die Beratung und Zusammenarbeit hilfreich und unter Umständen sogar unerläßlich: mit dem Jugendamt (z. B. zu Gesprächen, Referaten innerhalb und außerhalb der Schule, zur Initiierung von Familienhilfe und -pflege), mit dem Sozialamt (z. B. zur Sicherung des Familieneinkommens, außerordentlichen Hilfen für Schüler zu bestimmten Anlässen) u. a.:

- für die Erziehungs- und Sozialhilfe für Familien von Schülern, die sich psychosozialen Problemen ausgesetzt sehen,

- für die Betreuung von Kindern und Jugendlichen außerhalb der Schule,

- in der Gesundheitsvorsorge,

- für die Hilfe bei Delikten von Kindern und Jugendlichen innerhalb und außerhalb der Schule,

- für Hilfen bei verschiedenen Formen der Kindesmißhandlung,

- zur Gewährleistung des Kinder- und Jugendschutzes.

8. Polizei, Justiz

Diese Zusammenarbeit sollte nicht reduziert werden auf stoffkundliche Informationen oder sensationelle Fahndungsberichte, sondern eher einer sachlichen, aber auch entängstigenden Information der Arbeit von Polizei und Justiz dienen. Dabei sollte auch hier das Hauptgewicht auf der Zielsetzung schulischer Vorbeugung liegen.

Polizei und Justiz können im Rahmen von Lehrerkonferenzen, Elternabenden, Schulprojekttagen, des Unterrichts oder der Lehrerfortbildung

- Informationen geben über die eigene Arbeit, vor allem die Umsetzung des Betäubungsmittelrechts in der Praxis (z. B. Vorgehen der Polizei, Prinzip Therapie vor Strafe im Strafverfahren, juristische Aspekte der Resozialisierung, Sinn und Erfolg der Spezial- und Generalprävention);

- differenzierte Hinweise und Ratschläge geben für Verhaltensweisen im rechtlichen Konfliktfall, aber auch zur Vermeidung von Konflikten;

- informieren über unterschiedliche Methoden und Erfahrungen polizeilicher Aufklärungsarbeit.

9. Rehabilitationseinrichtungen

Zwar hat schulische Suchtvorbeugung zunächst mit Rehabilitationseinrichtungen und Krankenhäusern nicht viel zu tun. Dennoch können diese Einrichtungen Auskünfte und Anregungen für die Prävention, Krisenintervention und Wiedereingliederungsmöglichkeiten für Schüler geben, die suchtkrank werden und später ihre Schullaufbahn wieder aufnehmen wollen. Diese Formen der Zusammenarbeit kann vor allem Eltern dienlich sein, die ein stark gefährdetes Kind haben oder überhaupt ganz allgemein Auskünfte verlangen über die Therapiemöglichkeiten von der Beratung bis hin zur schulischen und beruflichen Rehabilitation.

Da viele Rehabilitationseinrichtungen auch Tage der offenen Tür veranstalten, kann ein Besuch mit Information und Gespräch in diesem Rahmen besonders sinnvoll sein, da dann die gesamte Einrichtung generell auf einen solchen Kontakt eingestellt ist.

10. Krankenkassen

Die Zusammenarbeit ist für die Schule mit denjenigen Krankenkassen besonders zweckmäßig, die über eigene Suchtpräventionsprogramme verfügen und auch gutes Informationsmaterial bereitstellen. Daher sollte die Schule nach Faltblättern, Broschüren, Videoclips, Filmen für die Vorbeugungsarbeit fragen.

Vor dem Einsatz sollte dieses Material allerdings kritisch geprüft werden, eventuell mit Unterstützung (kurze telefonische Nachfrage) durch die Kontaktperson der Beratungsstelle. Nach wie vor bieten Krankenkassen Informationsmaterialien an, die einseitigen Abschreckungsideologien folgen – auch wenn manche Lehrkräfte die skelettierte Fixerhand mit Spritze auf einem Poster, platte Drohungen in Faltblättern und griffige, aber sachlich falsche Behauptungen über Haschisch als die Einstiegsdroge schlechthin für gut halten – oder die in ihrem Design ganz einfach die Kinder und Jugendlichen nicht mehr erreichen, eher sogar Befremden auslösen.

11. Vereine

Da viele Projekte und Einrichtungen in der Trägerschaft von Vereinen liegen, empfiehlt sich auf jeden Fall der Kontakt zu den Gruppen, die sich mit Sucht- und Drogenhilfe befassen und weithin akzeptiert sind. Sinnvoll ist auch die Zusammenarbeit mit den Vereinen, die Kindern und Jugendlichen eine Freizeitaktivität anbieten, die zur Persönlichkeitsentwicklung, zur Identitätsfindung, zur Übernahme von Verantwortung und Lebensfreude beitragen.

Problematisch und ggf. abzulehnen sind die Vereine, die zwar Freizeitaktivitäten anbieten, sich aber gegenüber Suchtgefährdungen indifferent verhalten bzw. diese akzeptieren. So kann ein Sportverein, der selbstverständlich exzessiven Alkoholkonsum bei Siegesfeiern akzeptiert, der Sportdoping zuläßt oder strenge Gewichtskontrollen bei bestimmten Sportarten (z. B. Frauenturnen, Langstreckenlauf) verlangt bis hin zur Magersuchtgefährdung, kein akzeptabler Partner für eine Schule sein. Hier müßte entweder eine Veränderung erwirkt oder der Kontakt abgebrochen werden, sofern er überhaupt bestanden hat.

12. Kirchliche Verbände und Einrichtungen

Vor allem Caritas und Diakonisches Werk (s. u. Anschriftenliste) wie auch die kirchlichen Medienzentralen (s. C. 11) verfügen über ein einschlägiges Know-how zur Gefährdeten- und Suchtkrankenhilfe bzw. über gute Informationsmaterialien und können in der Regel kompetent Auskunft erteilen und eventuell auch Hilfen für den Unterricht anbieten. Die Verbände veranstalten auch Fort- und Weiterbildungen (z.b. klientenzentrierte Gesprächsführung, Psychodrama o. ä.), die auch für Lehrkräfte interessant sein können.

13. Überregionale Informationsmöglichkeiten

Über das regionale Kooperationsangebot hinaus gibt es zahlreiche überregionale Einrichtungen, von denen Informationen zu bekommen sind. Man sollte im voraus genau klären, welche Fragen man hat und zu welchen Themen man Auskünfte benötigt. Viele Einrichtungen sind stark gefragt und daher überlastet. Daher sollte man ganz gezielt schriftliche Anfragen formulieren und Wünsche äußern.

Aus den zahlreichen Kontaktanschriften sind hier nur einige ausgewählt, die jeweils für ein bestimmtes Teilgebiet stehen oder eine gewisse Zentralfunktion für das ganze Bundesgebiet einnehmen und ggf. weiterverweisen können. Für speziellere Anfragen ist eine sehr detaillierte Anschriftenliste in den jeweiligen Jahrbüchern Sucht, hrsg. von der Deutschen Hauptstelle gegen die Suchtgefahren, zu finden.

- Bundesarbeitsgemeinschaft Jugendschutz,
  Haager Weg 44, 53127 Bonn, T. (0228) 299421 und 299359

- Bundeskriminalamt,
  Thaerstr. 11, 65193 Wiesbaden, T. (0611) 552001

- Bundesministerium für Gesundheit, Referat 326 (Drogen- und Suchtmittelmißbrauch) oder Referat 327 (Betäubungs-

mittelrecht, Internationale Suchtstoffragen),
Postfach 200129, 53177 Bonn, T. (0228) 941-0

- Bundesverband der Elternkreise drogengefährdeter und drogenabhängiger Jugendlicher e.V.,
Köthener Str. 38, 10963 Berlin, T. (030) 2626089

- Bundeszentrale für gesundheitliche Aufklärung,
Postfach 910151, 51071 Köln, T. (0221) 8992-1

- Deutsche Hauptstelle gegen die Suchtgefahren e.V.,
Westring 2, 59065 Hamm, T. (02381) 9015-12 oder 9015-14

- Deutscher Caritasverband e.V. – Referat Gefährdetenhilfe,
Karlstr. 40, 79104 Freiburg, T. (0761) 200-0

- Fachverband Drogen und Rauschmittel e. V.,
Brüderstr. 4 b, 30159 Hannover, T. (0511) 1316474

- Gesamtverband für Suchtkrankenhilfe im Diakonischen Werk der Evangelischen Kirche in Deutschland e.V.,
Kurt-Schumacher-Str. 2, 34117 Kassel, T. (0561) 109570

- Nationale Kontakt- und Informationsstelle zur Anregung und Unterstützung von Selbsthilfegruppen,
Albrecht- Achilles-Str. 65, 10709 Berlin, T. (030) 8914019

- Verband ambulanter Beratungs- und Behandlungsstellen für Suchtkranke / Drogenabhängige e.V.,
Karlstr. 40, 79104 Freiburg, T. (0761) 200363

- Schweizerische Fachstelle für Alkohol- und andere Drogenprobleme, Avenue de Ruchonnet 14, 1003 Lausanne,
T. (21) 3202921

- Bundesministerium für Gesundheit und Konsumentenschutz, Radetzkystr. 2, 1031 Wien, T. (1) 71172-0

- Ludwig Boltzmann-Institut für Suchtforschung,
Mackgasse 7-9, 1237 Wien, T. (1) 8882533

Überörtliche bzw. überregionale Telefonberatung wird für kritische Fälle angeboten über diese Notrufnummern:

- München
  089 / 282822

- Köln
  0221 / 315555

- Düsseldorf
  0211 / 325555

- Essen
  0201 / 403840

Die Anschriften der örtlichen oder regionalen Beratungsstellen kann man erhalten über

- die Bundeszentrale für gesundheitliche Aufklärung, Telefon für Suchtvorbeugung, tägl. 10 - 22 Uhr, T. 0221 / 892031 (auch Adressen der jeweiligen Landesstelle gegen die Suchtgefahren) und

- den Malteser-Verband, T. 0221 / 9822222.

Über die Kontaktmöglichkeiten zu örtlichen Selbsthilfegruppen informieren die nächstgelegenen Beratungsstellen.

9 Kreative Potentiale nutzen: Bausteine für Unterricht und Schulprojekte

Nachfolgend werden keine »fertigen« Unterrichts- und Projektentwürfe geliefert, sondern Aktionsbausteine. Die Erfahrung zeigt, daß durchkonstruierte Planungen nicht immer leicht umzusetzen und oft wenig konkret schülerorientiert sind. Sucht- und Drogenprävention lebt aber entscheidend davon, personzentriert auf die Schülerinnen und Schüler einzugehen, vor allem aber sie selbst agieren und gestalten zu lassen.

Daher sind die Planungsvorschläge und Arbeitshinweise so konzipiert, daß sie in den Rahmen der bereits vorhandenen Schüler-Lehrer-Interaktion »eingebaut« werden können. Die einzelnen Bausteine sind zudem miteinander kombinierbar und, um sie auf die verschiedenen Altersstufen anwenden zu können, nur als Ideenskizzen zu verstehen, die entsprechend der konkreten didaktischen Situation variiert bzw. aus- und umgebaut werden müssen.

Das bedeutet für die nachstehenden Vorschläge:

1. Sie haben einen inhaltlichen Bezug zum Religions- und Ethikunterricht wie auch zur fächerübergreifenden Suchtprävention.
2. Sie sind planungs- und gestaltungsoffen, bieten zwar Praxisempfehlungen, verlangen aber stets den Transfer in die konkrete didaktische Realität.

3. Das hier vorgelegte Konzept der Themenkomplexe ist nur eine mögliche Art der Strukturierung der Sucht- und Drogenprävention im Unterricht und in der außerunterrichtlichen Projektarbeit.
4. Aktivitäten der Selbstwahrnehmung, Selbsterfahrung, Grup-pendynamik und differenzierte Kommunikationsfertigkeiten, die zugleich ein relativ hohes Maß an Vertrautheit zwischen Schülerinnen, Schülern und Lehrkräften erfordern, sind hier nur angerissen und sollten in den genauen Beschreibungen der angegebenen Literatur geprüft werden.

1. Themenkomplex:
Sucht, Suchtformen, Suchtmittel

Hauptgewicht: informationelle Auseinandersetzung
(überwiegend sucht- und drogenspezifische Vorbeugung
mit Information und Aufklärung, Gefährdungsvorbeugung:
Sekundärprävention)

Allgemeine Einzelthemen und -aspekte der Suchtprävention:

• Sucht und Drogenabhängigkeit: sich informieren.

• Verschiedene Suchtformen (stoffgebunden, stoffungebunden): Menschen in ihren unterschiedlichen Krankheitslagen verstehen.

• Unterschiedliche Arten von Suchtmitteln: sich in Sachzusammenhänge einarbeiten.

• Entstehungsursachen von Sucht und Abhängigkeit: Persönlichkeit, Suchtmittel und -milieu, sozialer Nahraum, gesellschaftliches Umfeld: Ursachenfaktoren begreifen.

• Zusammenhänge von Konsum, Genuß, starker Gewöhnung, Abhängigkeit und Sucht: ein Bewußtsein für Suchtgefährdungen und ein Verständnis für den sinnvollen Umgang mit Genußmitteln und für eine gesunde Lebensgestaltung gewinnen.

• Wirtschaftliche Zusammenhänge von Konsum, Abhängigkeiten und Sucht: Konsum als Wirtschaftsfaktor, Werbung für Konsum- und Suchtmittel, Kosten krankmachenden Konsums, Daten zur Suchtkrankheit, Beratung und Therapie: wirtschaftliche Dimensionen des Profits aus ungesundem Genuß und Suchtkrankheit sowie deren Belastungen erfahren und kritisch bewerten.

153

- Alternativen zu exzessivem Konsum, zu Gefährdungssituationen und Abhängigkeitsrisiken: gesunde Lebensalternativen akzeptieren.

- Gestaltung von Feiern, Festen / Lebensgestaltung ohne Suchtmittel: Alternativen auf- bzw. neu bewerten und einüben.

- Vorbeugungsmöglichkeiten gegen Suchtgefährdung. Information, Aufklärung, Beratung, Rückfallvorbeugung als Grundelemente der Vorbeugung erkennen.

- Hilfen gegen die Sucht: Beratung und Therapie kennenlernen.

- Perspektiven und Praxis der Gesundheitserziehung und -förderung: für sich und andere eine gesunde Mit- und Umwelt entwerfen.

Entsprechende Bezugsthemen des Religions- und Ethikunterrichts zur Suchtprävention:

- Drogen im Dienst der Religion: religiöse Kultdrogen in verschiedenen Kulturen, ihre religiöse Funktion und ihr Mißbrauch.

- Die Beziehungen des Menschen zu Drogen innerhalb unserer Kultur: positive individuelle und soziale, gesundheitsschädigende und selbstvernichtende Auswirkungen – zur Verantwortlichkeit der Menschen sich und anderen gegenüber.

- Rausch und Realität: das Verhältnis der Menschen zu ihrer Alltagswelt, die Sehnsucht nach Glück und Heil, die Ambivalenz des Rauschs zwischen Beglückung und Flucht aus der realen Welt – zum Selbst- und Weltverständnis der Menschen.

- Gefährdung – Verantwortung – Versagen: die Frage nach Schuld und Sünde.

- Helfen – Befreien – Erlösen: die Hilfe gegenüber dem (Sucht-) Kranken als genuin christliches und humanitäres Anliegen, Umgang mit Krisen und dem Leiden, Befreiung vom Leiden, Sinnsuche und Sinnfindung der Menschen im Alltagsleben und in schweren Lebenskrisen.

- Christliche Verantwortungspraxis durch kirchliche Einrichtungen der Caritas und des Diakonischen Werks: angewandte Nächstenliebe in der Suchtkrankenhilfe.

- Solidarität mit den Mitmenschen: christliche Soziallehre als Theorieorientierung sozialer Hilfe und Politik.

- Vorbeugung und Beratung: Vorsorge als Interaktion in Familie, Freundschaft und Gemeinde.

- Spielen, Tanzen, Feiern und Feste: Äußerung und Schenken von Lebensfreude als Stärkung der Persönlichkeit und der Gemeinschaft.

Zielsetzungen

- Kenntnisse erwerben zu Arten, Formen, Entstehungsursachen und Folgen aus Abhängigkeit und Sucht.

- Kennenlernen von unterschiedlichen Möglichkeiten der Vorbeugung und Hilfe bei Suchtgefährdungen und -krankheit.

- Einsicht gewinnen in die eigene Lebenssituation und in mögliche unterschiedliche Arten von Gefährdungen.

- Bewußtwerden des eigenen Lebenskontextes im Zusammenhang von Konsum, Genuß, Gewöhnung und Abhängigkeiten.

- Umgang mit eigenen Wünschen, Interessen und Lebensentwürfen mit dem Ziel einer gesunden und sinnvollen Lebensgestaltung.

- In diesen Zusammenhängen auch die Bedeutung religiöser und verantwortlicher Sinnfindung und Lebensgestaltung erfassen und in der Alltagspraxis einüben: im liebevollen Umgang mit sich selbst und mit anderen – in der Familie, mit Freunden und Partnern, in der Schule, in der Gemeinde, in Ausbildung und Studium ...

2. Themenkomplex:
Förderung der Persönlichkeitsentwicklung gegen Suchtgefährdungen

Hauptgewicht: Entwicklung der Persönlichkeit (überwiegend sucht- und drogenunspezifische Vorbeugung, Gefährdungsvorbeugung: vor allem Primärprävention)

Allgemeine Einzelthemen und -aspekte der Suchtprävention

- Selbsterfahrung, Selbsterkenntnis, Selbstwahrnehmung: sich seiner selbst bewußt werden.

- Das eigene Werden: etwas erfahren über die eigene Entstehung, das eigene Wachsen und Großwerden.

- Wünsche, Phantasien, Träume: in sich hineinhören.

- Umgang mit Gefühlen: sich selbst fühlen, empfinden, spüren.

- Umgang mit Problemen, Konflikten und Krisen: mit Schwierigkeiten fertigwerden, sie bewältigen, daran größer werden, sich selbst kritisch sehen und daraus lernen.

- Entscheidungen treffen: Gut und Böse, Richtig und Falsch abwägen, Mut haben, etwas wagen, für sich klären.

- Verantwortlich handeln: den eigenen Wert erkennen und danach handeln, Nachteile abschätzen und vermeiden, für sich und andere Gutes verwirklichen.

Entsprechende Bezugsthemen des Religions- und Ethikunterrichts zur Suchtprävention

- Liebe: Entwicklung der Liebesfähigkeit des Menschen, der liebevolle Umgang mit dem Nächsten und mit sich selbst.

156

- Vertrauen und Glauben: Urvertrauen, Selbstvertrauen, Vertrauen in andere und in Gott, Aufbau der Vertrauens- und Glaubensfähigkeit des Kindes und der/des Jugendlichen.

- Lebensorientierung: Prozeß der Wert- und Sinnsuche, des Bemühens um einen eigenen Standort, Umgang mit der eigenen Orientierungsunsicherheit, der Schritt von der Identifizierung zur Identität.

- Entscheidungsfähigkeit: Fähigkeit zum Urteil, Unterscheidungsfähigkeit zwischen Gut und Böse, Richtig und Falsch, Entwicklung des Gewissens.

- Sinn des Lebens: Erfahrung von Liebe, Vertrauen und Ermutigung, Initiative, Selbstkonzept, sinnvolle Gestaltung der eigenen Lebenswelt.

- Entwicklung eigener Lebensperspektiven: Entscheidungen in Freundschaft, Partnerschaft, Sexualität, Berufsorientierung, Auseinandersetzung mit vorgegebenen Werten und Normen, Entscheidungen in der eigenen religiösen Orientierung.

Zielsetzungen

- Sich selbst in der eigenen Lebensumwelt erfahren: Selbstbewußtsein und Selbstgefühl entwickeln.

- Sich der eigenen Wünsche und Bedürfnisse bewußt werden, sie in die eigene Mitwelt einbringen und mit den Interessen anderer abstimmen.

- Ichstärke entwickeln und bewahren.

- Entscheidungsfähigkeit erlernen: Werte wahrnehmen und Urteilsfähigkeit entwickeln.

- Sinn finden und gemeinsam mit anderen ein Selbstkonzept entwickeln: Lebensorientierung erlangen im Zusammenleben mit anderen – in der Familie, mit Freunden und Partnern, in der Schule, in der Gemeinde, in Ausbildung und Beruf...

3. Themenkomplex
Förderung und Einübung sozialer Fähigkeiten und Fertigkeiten

Hauptgewicht: soziale Beziehungen
(überwiegend sucht- und drogenunspezifische Vorbeugung, zum Teil Gefährdungsvorbeugung: vor allem Primärprävention)

Allgemeine Einzelthemen und -aspekte der Suchtprävention

- Andere Personen : andere wahrnehmen, spüren, fühlen.

- Gespräche: miteinander reden, sich nicht beschimpfen, Gegensätze sachlich behandeln, dialogfähig werden.

- Zusammenleben: mit anderen etwas gemeinsam planen und unternehmen, mit ihnen arbeiten und feiern: mit Eltern und Geschwistern, mit Freundinnen und Bekannten, mit Mitschülerinnen und Lehrern.

- Fragen der Erziehung: die eigene und die Erziehung der anderen begreifen, andere Familien kennenlernen.

- Vertrauen: sich selbst vertrauen, sich selbst etwas zutrauen, anderen vertrauen, sich auf sie sicher verlassen können, selbst vertrauenswürdig für andere sein.

- Anerkennung: sich bei anderen wohlfühlen, etwas gelten, anderen freundlich begegnen, sie gelten lassen, sich gegenseitig loben.

- Verantwortung: für andere mitdenken, -fühlen und -handeln, andere und sich nicht entmündigen, Außenseiter integrieren, soziale Schwierigkeiten fair bewältigen, anderen Menschen helfen.

- Feste und Feiern: sich miteinander freuen, miteinander spielen, miteinander etwas unternehmen.

- Konflikte: miteinander fair umgehen, nach gemeinsamen Lösungen suchen.

- Selbstbewußte Gestaltung von Beziehungen: sich selbst treu bleiben, Gruppendruck widerstehen, sich nicht vorschnell anpassen, Initiative bewahren.

- Gestaltung der Umwelt: vorhandene Mißstände kritisch prüfen, sich mit anderen für eine menschenwürdige Wohn-, Arbeits-, Schul-, Lebensumwelt einsetzen.

Entsprechende Bezugsthemen des Religions- und Ethikunterrichts zur Suchtprävention

- Soziale Tugenden: christliches Liebesethos, philosophische Traditionen, sozialpsychologische Aspekte.

- Vertrauen und Glauben: die Bedeutung der Person in der Glaubensverkündigung, Glaube – Hoffnung – Liebe.

- Nächstenliebe – Selbstliebe – Gottesliebe: Problemstellungen des Egoismus, des Altruismus, der religiösen und weltanschaulichen Orientierungslosigkeit, Bedeutung des christlichen Liebesethos.

- Die Geringsten: Heilung und Heil durch und in Jesus.

- Verantwortung für den Nächsten: seitens der Eltern, Geschwister untereinander, Freunde, Verwandte, Kollegen.

- Christliche Soziallehre: Solidarität und Subsidiarität.

- Gestaltung sozialer Beziehungen: in Familie, Freundeskreisen, im Beruf, in der Schule.

- Freundschaft – Partnerschaft – Liebe: christliche Orientierungen im Umgang mit anderen.

- Soziale Leistungen und Hilfen: die Beispiele von Caritas und Diakonie.

- Schöpfung: Frieden, Freiheit, Gerechtigkeit und Bewahrung der Umwelt.

- Abschied – Sterben – Tod: Umgang mit dem eigenen und dem Leid der anderen, Umgang mit Verlust, Versagen und unvermeidbarem Elend, Trost im Leid, Tröstung der Leidenden, Trost im Sterben, Bewußtsein und Annahme des Todes.

- Vertrauen – Hoffnung – Zukunft: Vertrauen auf andere und Gott, Hoffnung auf Gottes Gegenwart und Zuwendung, Mut zur Zukunft, Futur und Advent – Perspektiven einer christlichen Theologie der Zukunft.

Zielsetzungen

- Sich selbst als Mitglied verschiedener Gemeinschaften wahrnehmen und Gemeinschaft in ihren unterschiedlichen Bedeutungen für die Menschen verstehen.

- Helfende und belastende Formen menschlicher Gemeinschaft unterscheiden können.

- Die eigene Fähigkeit zur Mitgestaltung mitmenschlicher Gemeinschaften entwickeln.

- Vertrauen erfahren und schenken: Glauben und Vertrauen ganzheitlich leben lernen.

- Verantwortung für sich selbst und andere entwickeln.

- Formen praktischer Nächstenliebe im Bereich der Beratung, Hilfe und Therapie kennenlernen.

- Mit anderen gemeinsam sich in Projekten der Hilfe für andere Menschen engagieren.

- Sich auf ein mögliches Engagement im konziliaren Prozeß für Frieden, Gerechtigkeit und Bewahrung der Schöpfung vorbereiten.

Unterrichts- und Projektbausteine

Die nachfolgenden Bausteine sind nicht den einzelnen Themenkomplexen zugeordnet, sondern wirken themenübergreifend. Wenn man beispielsweise im Unterricht ein Rollenspiel zum Medikamentenmißbrauch eines Schülers vor einer Klassenarbeit durchführt, leiten sich daraus nicht nur Fragen zum Suchtpotential bestimmter Arzneimittel (1. Themenkomplex) ab, sondern auch zum Selbstverständnis des Schülers, seiner Ängste, seines Umgangs mit Problemen (2. Themenkomplex) und zu seinen Beziehungen zu Eltern, Lehrkräften und Mitschüler/innen (3. Themenkomplex).

Daher treffen die Bausteine immer verschiedene Bereiche und Ebenen der Suchtprävention, auch wenn sie zunächst eine bestimmte thematische Schwerpunkt-Orientierung besitzen. Sie sind gegliedert in:

1. Einstiege / Motivationen,
2. Informationen innerhalb der Schule,
3. Informationen an Erfahrungsorten außerhalb der Schule,
4. Auseinandersetzung / Problemlösungsansätze / eigene Standortbestimmung.

Auch diese vier Bausteingruppen lassen sich nicht exakt voneinander trennen, sondern überschneiden sich. So kann beispielsweise ein Rollenspiel sowohl als Einstiegsimpuls genutzt werden, wie auch als Teil der Auseinandersetzung der Veranschaulichung bestimmter Lebenssituationen dienen.

Detailliertere didaktische und methodische Anregungen und Vorschläge für Unterrichtsreihen und Projekte sind vor allem in folgenden Werken zu finden (s. auch C. 13 Literaturempfehlungen):

- Bastian 1992 (zahlreiche Praxisberichte, übersichtlich knappe Arbeitsvorschläge für Unterricht und Projektarbeit)

- Bilstein / Voigt 1991 (vielgestaltige, anschauliche Anregungen für Unterricht und Projektarbeit mit breitem inhaltlichen Spektrum)

- Hilfen für die schulische Erziehung im Bereich Suchtprävention und Drogenproblematik 1990 (sehr reicher Fundus für Unterrichts- und Projektarbeit, teilweise mit sehr detaillierter Planung und gutem Materialangebot, nach Altersstufen gegliedert)

- Hoffmann 1993 (umfangreiche Methoden- und Aktionsvorschläge für Grundlageninformation, Projekte und Ausstellungen)

- Sucht- und Drogenvorbeugung in der Schule 1991 (sehr umfangreiches Angebot mit detaillierten Unterrichtsplanungen für verschiedene Alters- und Schulstufen sowie Unterrichtsfächer)

- Suchtvorbeugung in der Grundschule 1992 (vielfältiges grundschulspezifisches, sehr übersichtliches und praxiserprobtes Angebot)

- Voigt-Rubio 1990 (überwiegend erlebnis- und interaktionsorientiertes Übungsangebot, sehr schülerbezogen)

Einstiege / Motivationen

Den Unterricht / das Projekt eröffnen, Impulse geben, den Einstieg in ein Thema erleichtern, motivieren, provozieren → zum weiteren Denken, Fühlen, Problematisieren, Planen, Handeln

Impuls zum Thema: Medikamente vor der Klassenarbeit:

Eine Mutter erzählt:»Mein Sohn möchte von mir vor jeder Klassenarbeit eine Beruhigungstablette haben.«
– Kurze Diskussion.
→ Meinungsäußerungen, Ableitungen von Sachfragen und Problemstellungen

Impuls zum Thema Rauchen in der Schule:

Raucher an unserer Schule! Erfahrungen aus der Schule mit sich selbst und anderen, mit Lehrkräften …
– Erfahrungsrunde.
→ Meinungsäußerungen, Diskussion, Sachfragen und Problemstellungen

Impuls zum Thema Alkohol auf der Klassenfahrt:

Alkohol auf der Klassenfahrt / auf der Klassenfete. Erfahrungen mit sich selbst, mit Mitschülern, Lehrern
– Erfahrungsrunde, Meinungsäußerungen.
→ Sachfragen, Problemstellungen, Planungen

Rollenspiel zum Thema: Verkauf von Alkohol an Minderjährige:

Der 15jährige Klaus kauft am Kiosk für sich und seine Freunde Bier und wird dabei von einer Nachbarin gesehen ...
→ Meinungsäußerungen, Situationsanalyse, Sachfragen, Problemstellungen, eigenes Verhalten

Rollenspiel zum Thema: Alkohol und soziale Beziehungen:

Manfred sondert sich ab und trinkt Bier, gelegentlich auch Schnaps. Was sollen wir tun? Wir sprechen ihn an.
→ Umgang mit Krisensituationen, Reflexion über Gesprächsformen, Übung hilfreicher Gesprächsführung

Rollenspiel zum Thema: Alkohol beim Abendmahl:

Ein »trockener« Alkoholiker fragt beim Pfarrer und Gemeindevorstand an, ob beim Abendmahl der Wein nicht durch ein alkoholfreies Getränk, z. B. durch Traubensaft, ersetzt werden könnte. Der Pfarrer zögert, im Gemeindevorstand ist die Meinung gespalten ...
– Meinungsäußerungen.
→ Nachfragen, Diskussion, Gespräch mit einem Pfarrer / einer Pfarrerin

Einstieg zum Thema: Sprüche zum Alkohol- und Nikotinkonsum:

»Einen Rausch muß jeder mal erlebt haben.« »Hast Du Kummer mit den Deinen, trink mal einen.« »Ein Gläschen

in Ehren kann niemand verwehren.«»Der schönste Platz
ist immer an der Theke.«»Keine Feier ohne Korn.«»Für
eine Zigarette gehe ich meilenweit.«»Rauch konserviert.«
»Besser 'ne Lulle als 'n Schnuller.«»Mann wird nur mit
Zigarette.« ... – Kurze Diskussion.
→ eigene Erfahrungen, Diskussion, Sachfragen,
Werbung für Alkohol und Nikotin, Daten und Fakten

Einstieg mit Statements:

»Jugendliche, die kiffen, sind eine Gefahr: Sie verführen
andere.«»Schüler, die Drogen nehmen, brauchen keine
Strafe, sondern Verständnis.«»Wer verantwortungsvoll
mit Drogen umgeht, beugt der Sucht vor.« Wer als Jugendlicher säuft, ist von Sucht gefährdet.»»Alkohol ist schlim-
mer als Haschisch.«»Wer nicht kifft, ist nicht normal.«»Ein
Rausch ist Lebensqualität.«»Wer vor Problemen weg-
läuft, ist echt gefährdet.«»Wer als Lehrer das Rauchen
verbietet, aber selber qualmt, ist unglaubwürdig.« – Kurze
Diskussion.
→ eigene Erfahrungen, Diskussion, Sachfragen, Auseinandersetzung

Impuls zum Thema: Umgang mit Konflikt / Krise:

Aktueller Anlaß, Zeitungsbericht, Literaturauszug, Film zu
einer Krisen- / Konfliktsituation, z. B. Unfall, Abbruch der
Schullaufbahn, Krise in einer Freundschaft, Suchtmittelab-
hängigkeit eines Familienmitglieds o. ä. ...
– Meinungsäußerungen.
→ Situationsanalyse, Sachfragen, Meinungsäußerungen, Erfahrungen, Übung zu Gesprächsführung, Befragung kompetenter Beraterinnen oder Berater

Kurze Frage (eventuell an die Tafel schreiben), deren
Beantwortung (soweit dies möglich ist) nicht kommentiert
wird: zur Einleitung in eine Unterrichtsphase (Was erwartest du vom nächsten Arbeitsabschnitt? oder: Wie fühlst du
dich jetzt? o. ä.), bei einer Schwierigkeit im Unterrichts-/Ar-
beitsprozeß (Was stört dich? oder: Was sollte anders sein?
oder: Was erwartest du von mir? o. ä.), nach der Unter-
richts-/Arbeitsphase (Wie geht es dir? oder: Siehst du deine
Erwartungen erfüllt? oder: Was hat dir gefallen, was nicht?
o. ä.)
→ Beginn, Fortsetzung oder Korrektur der Arbeit

Informationen / Klärungen innerhalb der Schule

Sachgerechte Informationen liefern und erarbeiten zur Erweiterung von Erfahrungen, Erhöhung der eigenen Sachkompetenz, Förderung des Problemdenkens, zur Handlungsorientierung, zur Klärung eigener Standpunkte

Erarbeitung von Informationen zum Thema Sucht:

aus Faltblättern, Broschüren, Büchern, Sichtung von Pla-
katen, Werbematerial, Auswertung von Zeitungen, Zeit-
schriften (aus Büchereien, Buchhandel, Materialien der
Beratungsstellen, der Krankenkassen, Bundeszentrale,
Landeszentrale – s. Anschriftenliste unter C. 8): Gruppenarbeit, Schülerreferate, Lehrervortrag, Expertenreferat und
-befragung (Sucht- / Drogenberaterin, Jugendhelfer, Ärztin,
Polizist, Schulpsychologin etc.) über

- verschiedene Abhängigkeiten, Suchtarten, -formen, -mittel, Ursachen von Abhängigkeit und Sucht,
- Daten, Zahlen, Fakten zu aktuellen Suchtproblemen,
- Werbemethoden für Suchtmittel usw. ...
→ Problematisierung von Konsum, Mißbrauch, Auseinandersetzung mit dem eigenen und dem Verhalten anderer, Entwicklung eines eigenen Gesundheitsbewußtseins und verantwortlichen Selbstkonzepts

Kurzreferate zu den Begriffen »Gesundheit« und »Krankheit«:

Begriffsklärung und Kontroversen mit anschließender Diskussion.
→ Entwicklung eines kritischen Bewußtseins zum Gesundheitsverständnis

Erstellen einer Liste zum Thema Medikamente:

(ggf. mit Expertenkontakt: Mitarbeiter einer Beratungsstelle, Apothekerin): Kategorien »medizinisch sinnvoll« – »fragwürdiger Einsatz« – »leichtfertige Selbstmedikation« – »suchtgefährdend«.
→ Auseinandersetzung mit Wirkungen, Hilfen und Gefahren des Medikamentenkonsums

Analyse von Medikamenten-Beipackzetteln:

(ggf. mit Unterstützung einer Fachperson): Informationsgehalt, Verständlichkeit, Warnung vor Suchtgefährdung und anderen Gefahren.

→ Auseinandersetzung mit Handhabungsschwierigkeiten von Medikamenten, mit der Rolle des Arzneimittelkonsumenten

Interview unter Schülern (mit Lehrkräften, mit Eltern) zum Alkohol- / Nikotinkonsum:

Entwicklung eines Fragebogens (Berücksichtigung der Eigenart der Adressaten, Alter und Zeitpunkt des Einstiegs in den Konsum, Animation durch andere / in einer bestimmten Situation, Gründe, Kenntnis der gesundheitlichen Folgen, Versuche des Konsumausstiegs u. ä.), Auswertung der Antworten, Diskussion / Kommentierung.

→ Klärung des Konsumprofils einer bestimmten Alters- / Personengruppe, Klärung deren Suchtgefährdung, Zuordnung der Ergebnisse zur eigenen Konsum-/Gewöhnungs- und Abhängigkeitssituation

Umgang mit eigenen Erfahrungen und Erlebnissen mit einer Gruppe:

deren Bedeutung für die einzelnen, positive und negative Wirkungen von Gruppen auf deren Mitglieder, Konfrontation der Erfahrungen und Erlebnisse mit wissenschaftlichen Aussagen – in Gruppenarbeit, in Zweiergesprächen, Kreisgespräch, im Plenum, mit Hilfe von Medien o. ä. …

→ Klärung des eigenen Standpunkts, Verbesserung des Gruppenklimas

Informationen von Erfahrungsorten außerhalb der Schule

Den Informations- und Erfahrungsraum Unterricht und Schule erweitern → zur Vernetzung unterschiedlicher Erfahrungsräume innerhalb und außerhalb der Schule, Erweiterung der Lebenserfahrung, Qualifizierung des Unterrichts und schulischer Projektarbeit

Zusammentragen von Informationen zum Thema Sucht:

- (Suchtmittel, Suchtarten, Entstehung und Ursachen von Sucht, Vorbeugung, Beratung, Hilfe etc.)
- durch den Besuch einer Beratungsstelle oder einer ähnlichen Einrichtung (z. B. der Therapie, der Nachsorge, eines psychiatrischen Krankenhauses, der gemeindenahen Psychiatrie, der beruflichen Rehabilitation),
- beim Treffen mit professionellen Helfern im Haus einer Kirchengemeinde, Haus der Jugend o. ä.,
- durch den Besuch eines Verbandes (z. B. Koordinationsreferat der Suchtkranken- oder Gefährdetenhilfe der Caritas, des Diakonischen Werks, des Paritätischen Wohlfahrtsverbandes),
- → Information und Aufklärung über die Problematik und deren Bewältigung, Eröffnung von Zugängen zu Einrichtungen der Beratung und Hilfe, Überwindung von Hemmschwellen in der Kontaktaufnahme, Klärung eigener Meinungen, Erfahrungszuwachs

169

Einbringen von Erfahrungen:

In Discotheken, bei Musikfestivals, privaten Festen und Feiern, Urlaubserlebnissen, Freizeitaktivitäten zum Thema: Zusammenhänge von Musik, Feier, Freizeit etc. und Suchtmittelkonsum: Zusammentragen der Informationen (Wandzeitungen, Malen, Tonbandberichte) und Diskussion.

→ Auseinandersetzung mit Bedürfnissen, Notwendigkeiten, Zwängen des Suchtmittelkonsums bei bestimmten Anlässen, mit der Funktion des Rauschs, der Vorbildfunktion der Erwachsenen, Gefährdungen, Klärung des eigenen Standpunkts zum verantwortungsvollen Umgang mit bestimmten Genußmitteln, Stärkung des Gesundheitsbewußtseins

Veranstaltung einer »Werberallye« in der Stadt:

An welchen Stellen und auf welche Weise (Bilder, Sprache, Farbe, Aktionen, Plazierung) wird in unserer Stadt / auf unserem Schulweg / auf dem Bahnhof / in Kaufhäusern / in Supermärkten etc. Werbung für Sucht- und Genußmittel (Alkohol, Nikotin, suchtgefährdende Medikamente, andere Genußmittel wie Süßigkeiten) und Sucht- bzw. Genußmilieus wie Gaststätten, Spiellokale etc. gemacht? (Untersuchungsbogen mit Stadt- oder Lageplänen, Auflistung der Sortimente speziell mit Suchtpotential, Quantifizierung der Werbe- und Angebotsflächen, Qualifizierung des Genußanreizes, wie z.B. Süßigkeiten und Zigaretten im Wartebereich der Supermarktkassen, großformatiges Werbeangebot im Apothekenschaufenster etc.): Analyse und Wertung der Ergebnisse.

→ Auseinandersetzung mit Manipulationsgefahren der Werbung, eigene Positionsbestimmung innerhalb der Alltagsgefährdung, Vorbeugung gegen die eigene Manipulierbarkeit

Auseinandersetzung / Problemlösungsansätze/ eigene Standortbestimmung:

Komplexe Inhalte aufgreifen, problematisieren, sich auseinandersetzen   zur Stärkung der Entscheidungsfähigkeit, zum Gewinn von Selbstsicherheit, zur Einnahme eigener Positionen, zur Toleranz gegenüber den Standorten anderer, Aufbau eines Selbstkonzepts

Der eigene Umgang mit Medikamenten:

Erörterung, Klärung, Selbstreflexion in Gesprächen, in Gruppenarbeit, im Kontakt mit Fachpersonen o. ä.: Wie gehen wir mit Medikamenten um? Wann wird Medikamentengebrauch bedenklich? Gibt es Alternativen? Wie weit sind uns Erwachsene gute Vorbilder: Zusammenfassung der Ergebnisse auf Wandzeitungen, selbstgefertigten Postern, durch eine Ausstellung, im Rahmen von Projekttagen der Schule, mit einer Fach- / Podiumsdiskussion

Planspiel zum Thema Alkohol (Nikotin, illegale Drogen / Vorbereitung einer Klassen- / Kursfahrt):

Wie halten wir es mit Alkohol und Zigaretten, was passiert, wenn jemand Haschisch konsumiert? – Klärung der rechtlichen Bestimmungen, ggf. Zusammenarbeit mit den Eltern (Elternabend), Ausmessen der Spielräume für akzeptablen / inakzeptablen Konsum, Vorbildverhalten der Lehrkräfte, Vereinbarung von Regeln, Klärung und Überwindung von Konflikten und Krisen, die ein Einhalten akzeptabler Regeln erschweren, Erörterung der Konsequenzen bei Nichteinhaltung der Regeln

zu den Themen:
»Alkohol ist gefährlicher als Haschisch«
»Alkoholtrinken und Rauchen sind ganz normal«
»Haschisch (alle Drogen) sollte man legalisieren.
(Freigabe aller Drogen)!«
»Straffreiheit für alle Fixer.«

Diskussion zweier Gruppen oder zweier Einzelpersonen mit Moderator, ggf. ergänzt durch Experten: Pro und Contra mit anschließender Sach- und Methodenkritik und Selbstreflexion:
Warum habe ich mich als Gruppenmitglied, als Einzelperson, als Expertin, als Moderator so verhalten? Was habe ich empfunden? Müssen Sachinformationen nachgeholt werden? Was habe ich gelernt, was kann ich verbessern?

Rollenspiel zum Thema Eltern und Alkohol:

»Meine Eltern trinken fast jeden Abend eine halbe oder ganze Flasche Wein miteinander. Mir (15 J.) aber verbieten sie den Alkohol! Ich finde das nicht richtig.« – Rollenspiel, ggf. mit wechselnden Partnern und unterschiedlichen Vorgaben, Auswertung, Fragen und Antworten zur eigenen Situation, Erweiterung auf andere Situationen (Rauchen, Medikamentenkonsum, Glücksspiel etc.)

Analyse / Auseinandersetzung: Trinkanlässe und -gelegenheiten bei Jugendlichen:

Brainstorming: Alkoholkonsum in unserer Umgebung, Partner-/ Teamarbeit: Wer trinkt wann, wie oft, wie lange, mit wem, bei welcher Gelegenheit und warum Alkohol?, Unterrichtsgespräch mit Auswertung der Partner-/Teamarbeit, ggf. ergänzendes klärendes Rollenspiel zu bestimmten Trinksituationen, zu unterschiedlichen Meinungen zum Alkoholkonsum, zu Alternativen zum Alkoholkonsum, Auswertung des Rollenspiels, Erörterung/ Perspektive/ Vorschläge: Alternativen zum Alkoholkonsum, attraktive Rezepte zu nichtalkoholischen Drinks mit Praxis beim nächsten Klassen-/Kursfest

Rollenspiel: Verführung zum Rauchen:

René (14 J.) versucht Dirk (14 J.) zum Rauchen zu überreden. Dirk lehnt ab. Es beginnt eine Diskussion über das Rauchen, aus dem ein Streit wird ... – Verfahren s. o.

Gruppenarbeit und Gespräch zum Umgang miteinander:

»Das gefällt mir an dir!« – Positives über jeden anderen ansprechen und notieren; Aussehen, persönliche Eigenschaften, Verhalten..., Auswertung (Was fiel mir schwer / leicht? Wie haben wir / ich uns gefühlt?), Folgerungen für den Umgang miteinander (sich gegenseitig loben, sich wohler fühlen)

Miteinander sprechen über Wünsche, Phantasien, Träume:

Kurze Entspannungsübung, ggf. inhaltliche Vorgaben (Wenn ich reich wäre ..., Mein Traumberuf ..., So stelle ich mir Freundschaft vor ..., Schule wäre schön, wenn ..., In den Ferien würde ich am liebsten ...), Schreiben / Zeichnen / Malen der Phantasien, Auswertung (Würdigung und Akzeptanz aller Beiträge! Gab es positive / negative Empfindungen bei dieser Übung? Was war mir besonders wichtig? Habe ich alles mitgeteilt / wollte ich alles mitteilen, was mir wichtig war?)

Miteinander klären: Was bedeutet Liebe?

Problemfallbezogene Arbeit: Brainstorming, Gruppen- oder Einzelarbeit, mit oder ohne Notizen zu »Was bedeutet für uns Liebe?« (Eltern-Kind-Beziehung, Partnerschaft, Sexualität ...) mit praktischen Beispielen, Problemfall: Ist das ein Beweis von Liebe, wenn Eltern den Heroinkonsum ihrer Tochter mit finanzieren? Gemeinsam das Verständnis von Liebe erörtern, Diskussion, ggf. mit Wandzeitung, mit Rollenspiel (Mutter – Tochter), mögliche Annahme für die Gründe des Verhaltens beider, mögliche Alternative für Liebe in diesem konkreten Fall, Erarbeitung christlicher und humanistischer Positionen zum Thema Liebe

Miteinander klären: Was bedeuten Glück und Heil?

Brainstorming: Was bedeutet für mich Glück?, Wandzeitung, Auswertung, oder Partnerarbeit: In welchen Situationen bin ich glücklich, allein, mit anderen zusammen, wann bin ich unglücklich?, Auswertung der Partnerarbeit, Ge-

spräch, Klärung der Zusammenhänge von Glück – Heil –
Gesundheit (umfassender, ganzheitlicher Gesundheitsbegriff!), Glück und Heil in der christlichen und humanistischen Tradition, Gefährdungen von Glück, Heil und
Gesundheit, Möglichkeiten des Umgangs mit Unglück

Befragung zu Werten / Normen / Entscheidungen:

Skizzierung einer Entscheidungssituation (z. B. »Ihr müßt
bei einer Katastrophe in Minutenschnelle das Haus verlassen. Welchen Gegenstand / welche Gegenstände – nicht
mehr als drei – würdet ihr mitnehmen?« oder »Das Boot
ist voll / Titanic-Spiel: Es gibt mehr Schiffbrüchige als
Plätze im Rettungsboot. Nach welchen Kriterien sollen
welche Personen – diese werden genauer beschrieben –
gerettet werden?«), Antworten als Tafelanschrieb, Gespräch über Wertentscheidungen, Entwicklung eines Fragebogens mit wertenden Meinungen (z. B. »Ich lese gern
Bücher – Ich hasse Sportunterricht – Die meisten Lehrer
sind autoritär – Die Kirche ist rückständig.«) und Werte-
skala (z. B. 1 = ja, ich stimme zu … 5 = nein, ich stimme
auf keinen Fall zu), Umfrage in der Klasse / im Kurs, unter
anderen Schülerinnen und Schülern, Auswertung, Erörterung der Gründe der (eigenen) Entscheidungen

Auseinandersetzung und Klärung: Meine Gewissensent-
scheidung:

Vorgabe einer Entscheidungssituation (z. B. ethisches Di-
lemma zum Problem der Entscheidung für das (scheinbar)
geringere Übel: »Die Polizei steht vor der Entscheidung,
einem Mann durch körperliche Mißhandlung / Folter ein
Geständnis über ein bevorstehendes Attentat mit mögli-

chen Todesopfern abzupressen oder auf den Einsatz von Gewalt zu verzichten, aber in der Sorge, kein Geständnis zu erhalten und damit dem Attentat nicht zuvorkommen zu können.« oder »Milgram-Experiment (Simulation eines Versuchs ohne Wissen der Versuchspersonen) zum Problem von Autorität, Gewissen und Gehorsamsverweigerung: In einer simulierten Versuchsanordnung werden Versuchspersonen durch eine wissenschaftliche Autorität aufgefordert, anderen Personen (die sie nicht sehen) im Rahmen eines Lernexperiments Stromschläge zu verpassen, wenn diese nicht richtig antworteten. ... [Näheres bei Leggewie / Ehlers, Knaurs moderne Psychologie. München 1978]«), Fragestellungen nach der Art des Konflikts, möglichen Handlungsmotivationen der Beteiligten, Entscheidungsgründen und Konfliktlösungen, ergänzende Sachinformationen: Bedeutung von Moral und Ethik, Gewissensverständnis aus christlicher und humanistischer Sicht, Zusammenstellung einer Wertehierarchie für das eigene Handeln

Eigene und die Gefühle anderer wahrnehmen:

Benennen / ggf. Wandzeitung oder Tafelanschrieb: Welche Gefühle gibt es? Wann empfindet man Gefühle besonders intensiv? Kann man Gefühle bei anderen erkennen? Soll man Gefühle zeigen oder verbergen?, alternativ: diese Fragen in Partner- oder Kleingruppen erörtern, Gefühle durch Musik oder Zeichnen / Malen, Bewegung, Tanz o. a. ausdrücken, Gespräch über Ausdrucksformen von Gefühlen, Überlegungen zu einem liebevolleren Umgang mit den Gefühlen anderer und zum Mut, eigene Gefühle zu zeigen, ggf. ergänzt durch verdeutlichendes Rollenspiel

Sich selbst wahrnehmen und vorstellen

Hinweise für ein »Selbstporträt«: soweit man mag, eigene Eigenschaften, Wünsche, Abneigungen, Vorlieben, Probleme ausdrücken – durch Worte, im Spiel, durch Malen, Zeichnen oder Musik, Gespräch über die Selbstdarstellung (keine abwertenden Äußerungen oder Kritik: Jede/r muß sich so darstellen können, wie sie/er es will, ohne deswegen abgewertet zu werden), Ermutigung zur eigenen echten Darstellung

Über Ängste reden und mit ihnen umgehen:

Besprechung einer Fallskizze (z. B. Angstsituation: Ein Schüler hat vor jeder Klassenarbeit Angst, möchte am liebsten gar nicht hingehen und wählt den Ausweg, sich von seinen Eltern ein angstlösendes Medikament geben zu lassen.) in themengleicher Gruppenarbeit, Vortrag und Diskussion der Gruppenarbeitsergebnisse, Analyse verschiedener Angstsituationen aus dem Alltagsleben der Schülerinnen und Schüler, ggf. Rollenspiel zu Angstsituationen, Partnerarbeit: Wie kann man mit Ängsten umgehen, welche Erfahrungen haben wir, welche Lösungen sind sinnvoll, welche helfen nicht, was bedeutet Flucht, und was bedeutet Bewältigung der Angst?, Zusammentragen der Ergebnisse, gemeinsame Entwicklung von möglichen Bewältigungs- und Umgangsmöglichkeiten mit der Angst: sich selbst helfen, Hilfe durch andere, Hilfen aus dem eigenen Glauben und der eigenen Weltanschauung, ggf. Entspannungsübungen, Erfahrungen von Vertrauen in der Gruppe (Übungen in verschiedenen Spielen: Blindgehen und geführt werden u. ä.)

Gestaltung des Klassenzimmers:

Einleitung / Hinführung (Stellt euch vor, ihr könntet euer Klassenzimmer so gestalten, daß ihr euch darin wirklich wohlfühlt): Aufschreiben, Malen, Zeichnen, Auswertung: Beschreibungen, Interessen, Wünsche, Gewichtungen, Gestaltungsmöglichkeiten, mögliche Beraterinnen und Helfer, Durchführung

10 Solidarität in der Erziehung: Zusammenarbeit mit Eltern

Leitgedanken der Zusammenarbeit mit Eltern

- Die Zusammenarbeit der Schule mit Eltern soll deren konkrete Lebenssituation und deren Bedürfnisse einbeziehen.
- Eltern möchten, daß Lehrkräfte das Beste für ihre Kinder tun.
- Eltern sehen sich in ihren Kindern bestätigt, daher möchten sie nicht immer nur Unangenehmes und Forderungen hören, sondern auch Erfreuliches über ihre Kinder hören und mit ihnen erleben.
- Eltern haben ein Sicherheitsbedürfnis in ihrer Erziehung. Daher möchten sie sich mit anderen Eltern austauschen und von den Lehrkräften ernstgenommen und unterstützt werden.
- Eltern kommunizieren mit der Schule anders als ihre Kinder. Daher müssen Lehrkräfte sich auf sie einlassen.
- Lehrkräfte sollten anregend und ermutigend mit Eltern umgehen,
- sich ihnen gegenüber freundlich, offen und ehrlich zeigen,
- Ängste abbauen helfen und Verständnis zeigen.

179

Planungsfragen

Auch die Zusammenarbeit mit den Eltern ist Aufgabe des gesamten Lehrerkollegiums. Daher ist es nur konsequent, daß sich alle Lehrerinnen und Lehrer der Schule miteinander Gedanken einer effektiven Kooperation mit den Schülereltern machen.

Was also können Lehrkräfte unternehmen, um besser mit den Eltern im Sinne der Suchtprävention zusammenzuarbeiten und damit auch sich selbst langfristig das Leben an der Schule angenehmer zu gestalten?

Fragen der Lehrkräfte zur Zusammenarbeit mit den Eltern zur Bearbeitung in der pädagogischen Konferenz

- Wie führe ich ein Gespräch mit Eltern?
- Was kann ich zur Ermutigung der Eltern beitragen, ihre Wünsche und Bedürfnisse zu äußern?
- Wie sollte ich einen möglichst kommunikativen Elternabend über Sucht und Drogen durchführen?
- Wie schaffe ich einen Informationspool zur Suchtproblematik?
- Wie können Eltern und Lehrer gemeinsam Krisenintervention leisten?
- Welche Hilfeleistungen kann die Schule den Familien bieten?
- Welche gemeinsamen außerschulischen Beraterinnen und Helfer haben Lehrkräfte und Eltern?
- Wie gelingt es mir, den Eltern die Grenzen meiner eigenen Möglichkeiten verständlich zu machen?
- u. a.

Die nachfolgenden

Elemente der Zusammenarbeit mit Eltern

sind gegliedert in:

Zur Sache

Hier wird knapp erklärt, um was es geht, welche Erfordernisse bestehen, was sinnvoll für die Zusammenarbeit sein kann.

Ziele

In diesem Abschnitt wird die Zielsetzung des jeweiligen Elements umrissen.

Arbeitshinweise

dienen der Anregung des praktischen Verfahrens und bieten methodische Schritte an.

Medien

Schließlich werden Medien und Materialien benannt, die man zur praktischen Ausführung dieses Elements sinnvollerweise verwenden kann.
Die einzelnen Elemente können miteinander kombiniert werden: z. B. »Arbeitshilfe Infothek« mit »Kontaktaufnahme / Informationen« oder »Elternabend / Elternveranstaltung« mit »Elternseminar«.

Zur Sache

Eltern wollen nicht nur Zuwendungen erhalten, sondern verlangen auch nach Informationen. Zudem suchen Kolleginnen und Kollegen gerade zur Suchtprävention immer wieder nach übersichtlichen und einprägsamen Informationen.
Also ist es sinnvoll, einen soliden Info-Pool anzulegen, der von ein, zwei oder drei Lehrkräften verwaltet und auf dem neuesten Stand gehalten wird.

Ziel

Sicherung einer themen- und sachgestützten Information auf der Grundlage unterschiedlicher Medien:

- Schnell und sicher über Medien und Materialien zur Suchtprävention innerhalb der Schule informieren.

- Fachliche Auskünfte an die Eltern geben. Kommunikationssicherer werden.

- Beratungs- und Hilfsangebote der Stadt / der Region nennen.

- Lehrer und Eltern im Umgang mit der Suchtproblematik, vor allem in der Vorbeugungsarbeit sicherer machen können.

Arbeitshinweise

- Einen festen und von allen Lehrkräften akzeptierten Platz für die Infothek bestimmen (Bibliothek, Lehrerzimmer o. ä.).

- Materialien sammeln (Einrichtungen der Sucht- und Drogenhilfe anschreiben – Anschriften siehe unter 8., Informationen aus der örtlichen Beratungsstelle, von Krankenkassen, schulpsychologischem Dienst besorgen – siehe unter 13: Faltblätter, Broschüren etc.).

- Bücher und audiovisuelle Medien anschaffen (auch zur Verwendung im Unterricht).
- »Elternmappe« (in zweifacher Ausführung für den Fall paralleler Nutzung) anlegen zur unkomplizierten Informationssicherung bei Beratungsgesprächen (Inhalt: Stifte, Abreißblock für schnelle Notizen, aktuelle Anschriftenliste der Beratungs- und Hilfsdienste, einige Exemplare von Informationsblättern oder Broschüren über Suchtvorbeugung für die Erstinformation, ggf. Information über das schuleigene Vorbeugungsprogramm, einige kurzkommentierte und genaue Literaturangaben mit Preisen).

Medien

- Informations-/Beratungsmappe,
- Faltblätte und Broschüren,
- Fachliteratur,
- Videobänder, Filme etc.

Kontaktaufnahme / Vermittlung von Informationen zur Prävention

Zur Sache

Suchtvorbeugung soll integriert sein in die allgemeine Gesundheitserziehung. So kann die Schule auch gegenüber den Eltern deutlich machen, daß sich ihre pädagogische Aufgabe nicht nur im Unterricht erschöpft, sondern daß sie um das Wohl der Kinder und Jugendlichen besorgt ist.

- Kontakte mit den Eltern anknüpfen und den Sinn der Vorbeugung und Gesundheitserziehung verdeutlichen.

- Die Eltern entängstigen und zur Zusammenarbeit ermutigen.

- Den Eltern gut verständliche Informationen über Suchtgefahren und -vorbeugung geben.

- Zugänge zum Angebot der Beratungs- und Hilfseinrichtungen zeigen.

- Den Eltern die Wichtigkeit ihrer eigenen Rolle in der Suchtvorbeugung der Kinder und Jugendlichen begreifbar machen.

- Die Eltern für eine aktive Mitarbeit an der schulischen Prävention und Gesundheitserziehung gewinnen.

- Auch bei Schwierigkeiten in der Kontaktauf- und Informationsannahme nicht resignieren.

- Eine warme räumliche und persönliche Atmosphäre für die Kontaktaufnahme und die Information zur Vorbeugungsarbeit der Schule schaffen.

Arbeitshinweise

- Sich u. U. über die ersten Schritte der Kontaktaufnahme mit dem schulpsychologischen Dienst oder mit einer Beratungsstelle absprechen: Methoden und Gestaltung des Starts in die gemeinsame Vorbeugungsarbeit.

- Vorhandene Zugangswege zu den Eltern nutzen: Schul- oder Klassenelternvertretung, bereits vorhandene Kontakte zu einzelnen Eltern.

- Zu verschiedenen Anlässen über die schulische Vorbeugung informieren: anläßlich einer Konferenz mit Elternbeteiligung, einer Sitzung der Schulelternvertretung, einer Öffentlichkeitsveranstaltung der Schule (Tag der offenen Tür o. ä.), eines Elternabends.

- Auf unterschiedlichen Wegen an die Eltern herantreten: durch ein formelles Anschreiben bei Schuleintritt des Kindes, durch gezielte Telefonaktion, durch eine Verteilung eines Informationsschreibens über die Suchtvorbeugung der Schule, über bereits vorhandene Kontakte.

Medien

- persönliche oder allgemeine Anschreiben,
- schuleigenes Informationsblatt,
- Faltblätter und Broschüren,
- Literaturempfehlungen,
- Plakate.

Elternabend / Elternveranstaltung zum Thema Sucht – Abhängigkeit – Drogen

Zur Sache

Unter den Elternveranstaltungen hat der einzelne Elternabend eine fast klassische Rolle als Begegnung zwischen Lehrkräften und Eltern. Aber es tauchen auch andere Formen der Elternveranstaltungen auf, z. B. das Seminar oder die Veranstaltungsreihe zu einer bestimmten Thematik. Die Begegnung zwischen Eltern und Lehrern muß in gemeinsamer Absprache gut vorbereitet, abwechslungsreich und kommunikativ gestaltet sowie sachkompetent begleitet sein.

Ziel

- Die Eltern so ansprechen, daß sie sich für Gesundheitserziehung und Suchtvorbeugung gewinnen lassen,
- die Eltern für die schulische Vorbeugung gewinnen,
- den Eltern verdeutlichen, daß es in erster Linie um das Wohl der Kinder geht,
- den Eltern Offenheit, Gesprächsbereitschaft und Hilfsbereitschaft des Lehrerkollegiums signalisieren,
- die Eltern zur eigenen Gefährdungsvorbeugung und Gesundheitserziehung auch in der Familie motivieren,
- den Eltern Wege zu außerschulischen Beratern und Helfern weisen.

Arbeitshinweise für Planung und Vorbereitung

- Termin und Ort für den Elternabend mit Elternvertretern, mit anderen Lehrkräften, mit der Schulleitung langfristig und rechtzeitig absprechen.
- Methoden, Inhalte und Terminregelung mit eventuellen Referenten (Vertreter einer Erziehungs-, Jugend-, Sucht- und Drogenberatungsstelle) absprechen.
- Schriftliche Einladung an die Eltern – ggf. mit Rückmeldeabschnitt für Fragen zum Thema Sucht und Drogen verschicken.
- Rückmeldungen der Eltern sichten – Weiterleitung an die und Absprachen mit den Referenten.
- Eigene methodische und inhaltliche Vorbereitung in Ruhe und nicht zu kurzfristig gewährleisten.
- Raumgestaltung und Medienvorbereitung unmittelbar vor der Veranstaltung sichern: kommunikative Sitzordnung, Plakate, Büchertisch, Projektor, Videogerät, Getränke u. ä.

186

- Sich kurz mit Elternvertretern und Referenten absprechen.
- Eltern und Referenten begrüßen, über den möglichen Ablauf informieren und nach Wünschen der Eltern fragen.
- Referat über Sucht und Drogen, Suchtvorbeugung o. ä. – ggf. mit variablem Medieneinsatz.
- Frage-Antwort-Kommunikation zum Referat moderieren und das Gespräch eröffnen.
- Ggf. eine Pause einlegen: Getränke, Büchertische, informelle Gespräche usw.
- Gespräch und Information fortsetzen und erweitern mit Hinweisen auf das Präventionsprogramm der Schule, der Beratungs- und Hilfsangebote in der Stadt / der Region.
- Ggf. auf Informationsmaterialien der Schule hinweisen.
- Die wichtigsten Arbeitsschritte und Ergebnisse des Abends zusammenfassen, Rückmeldung erfragen und ggf. Interesse einer Fortführung / Intensivierung der Informationen und des Gesprächs erfragen.
- Verabschiedung.

Dieses Verfahren kann durch andere Methoden variiert werden, vielleicht wird auch der Wunsch nach einer Fortführung geäußert. Folgende Methodenbausteine können das obige Verfahren ersetzen oder ergänzen:

- Mit den Eltern zuerst in einer Gesprächsrunde deren Bezug zur Suchtthematik ansprechen, darauf aufbauend in die eigentliche Thematik einsteigen.
- An den Anfang der Veranstaltung einen Film, eine Filmpassage zur Situation eines jungen Menschen mit Suchtproblemen, mit einer Gefährdungssituation o. ä. stellen und daraus ein Gespräch entwickeln, dem sich erst dann das Fachre-

ferat mit weiterführenden Fragen, Antworten und Hinweisen anschließt.

- Nach einer Einführung mit Gruppenarbeit zu verschiedenen Fallsituationen (Fallskizze mit Leitfragen / Arbeitsaufträgen) beginnen, die Antworten / Arbeitsergebnisse stichwortartig auf Wandzeitungen notieren und vortragen lassen mit anschließenden Nachfragen durch die Teilnehmenden der anderen Gruppen; daran ein Gespräch mit relativ kurzen Informationseinschüben und Medieneinsatz anschließen.

Medien

- Video- und Tonaufzeichnungen,
- Plakate,
- Informationsfaltblätter und -broschüren,
- Fachliteratur,
- Information über Vorbeugungsprogramm der Schule.

Partner für die Eltern gewinnen:

Zur Sache

Immer wieder fragen Eltern nach, wo sie sich informieren können, wer sie beraten und ihnen helfen kann. Im Sinne der Selbsthilfe der Eltern sollte die Schule Partner für Rat und Hilfe gewinnen, weil der Kompetenz der Lehrkräfte in Sucht- und Drogenfragen deutliche Grenzen gesetzt sind, weil den Eltern bei kompetenteren Partnern besser geholfen werden kann und damit auch der Schule gedient ist. In Frage kommen Mitarbeiterinnen und Mitarbeiter von Beratungseinrichtungen, speziell der Sucht- und Drogenberatung, des schulpsychologischen Dienstes, aus Polizei und Justiz, Ärzte oder Anwälte.

Ziel

- Das Selbsthilfepotential der Eltern stärken.
- Wege der Beratung und Hilfe aufzeigen.
- Kontakte der Eltern zu außerschulischen Einrichtungen begleiten und fördern.

Arbeitshinweise

- Zunächst abklären, inwieweit die möglichen Partner bereit und imstande sind, in die Elternarbeit der Schule mit einzusteigen.
- Den potentiellen Partnern verdeutlichen, daß die Lehrkräfte nur die Funktion der Vermittlung / des Impulsgebens für die Selbsthilfe der Eltern für eine Zusammenarbeit mit außerschulischen Partnern haben.
- Mit Eltern bzw. Elternvertretern sprechen, welche Wünsche und Erwartungen sie gegenüber Beratern und Helfern in Sucht- und Drogenfragen haben, welche praktischen Möglichkeiten des Kontakts und der Zusammenarbeit sie sehen, wie die Chancen einer kontinuierlichen Kooperation zwischen Eltern und außerschulischen Partnern stehen.
- Mit den Eltern klären, ob sie mehr an wiederholten Einzelkontakten zu bestimmten Anlässen, wie Elternabend, Tag der offenen Tür o. ä., oder eher an einer kontinuierlichen Zusammenarbeit, wie z. B. regelmäßigen Sprechstunden in der Schule, zeitlich festgelegten Veranstaltungen für Eltern bestimmter Schülerjahrgänge o. ä., interessiert sind.
- Kontakte zwischen den Eltern und ihren Partnern herstellen: in der Schule bei einem Elternabend, mit Elternvertretern, an einem Tag der offenen Tür, durch den Besuch der in Frage kommenden Beratungsstelle, beim schulpsychologischen Dienst etc.

- Die ersten Kontakte der Eltern begleiten, damit sie eventuelle Hemmschwellen leichter überwinden können, z.B. durch den gemeinsamen Besuch von Eltern und Lehrkräften in einer Beratungsstelle mit anschließender Auswertung dieser Begegnung.

- Im Falle der Übereinkunft einer Zusammenarbeit mit außerschulischen Partnern für Kontinuität sorgen: durch entsprechende Informationen der Schule an alle Eltern, vor allem an neue Schülereltern.

Medien

- Elternbrief: Information über das Vorhaben,

- Brief an die potentiellen Partner der Zusammenarbeit: Beratungsstellen etc.,

- Informationsmaterialien der Beratungsstellen etc.,

- schuleigene Information mit Ansprechpartnern innerhalb und außerhalb der Schule: mit Adressen, Telefonnummer, kurzer Wegbeschreibung.

Krisenintervention

Zur Sache

Krisen von Schülerinnen und Schülern sind so normal wie deren Persönlichkeitsentwicklung, nur muß man den Kindern und Jugendlichen wie auch den Eltern helfen, sie zu bewältigen. Krisen finden ihren Ausdruck in Verhaltensauffälligkeiten und -störungen, die nicht nur die einzelnen betreffen, sondern auch die sozialen Beziehungen auf sehr unterschiedliche Weise verändern und erheblich belasten können. Dazu gehören auch Sucht- und Drogenprobleme.

Ziel

- Eltern in ihrer Erziehung unterstützen: sich selbst als vertrauenswürdig erweisen, keine Schuldvorwürfe machen, sich nicht besserwisserisch geben, das Wohl des Kindes im Dialog mit den Eltern in den Vordergrund stellen.

- Sie ermutigen, gemeinsam mit ihren Kindern und nicht gegen sie allgemeine Problem- und Krisensituationen in der Familie, ggf. mit der Hilfe kompetenter Fachleute zu bestehen.

- Die Eltern ermutigen, ihre Erziehungsverantwortung mit anderen zu teilen und fremde Hilfen anzunehmen.

- Die Eltern dazu bewegen, gerade in Krisensituationen des Kindes auch mit der Schule zusammenzuarbeiten.

- Eltern dabei unterstützen, eigene Fehler zu korrigieren.

Arbeitshinweise

- Sich der eigenen Rolle klarwerden: von der Krise des Schülers mitbetroffene oder nur beratende Lehrkraft?

- Ggf. Berater hinzuziehen.

- Mögliche Krisensituationen der Schülerinnen und Schüler (sexuelle und Persönlichkeitsentwicklung, Partnerschaftsprobleme, Attraktivität von Drogen, Besuch von Diskotheken etc.) aufgrund der vorhandenen Erfahrungen präventiv bei Elternabenden ansprechen.

- Unter bestimmten Voraussetzungen außerschulische Helfer einschalten, z. B. bei Gewaltanwendung der Eltern gegeneinander und gegenüber den Kindern, Drogenmißbrauch in der Familie, bei sexuellem Mißbrauch, Prostitution eines Elternteils, schwerer Überforderung der Kinder durch Mithilfe im Geschäft der Eltern oder bei Suizidgefahr.

191

- Erkennen der eigenen Grenzen: Schule ist kein Therapieort, und die Lehrkräfte dürfen keine Therapeuten sein (Gefahr des inkompetenten Helfenwollens, der Selbstüberschätzung und der krankhaften Hilfe)!
- Grundregeln angemessenen Verhaltens schulischer Krisenintervention akzeptieren:

• Versuchen Sie niemals die Krise allein zu bewältigen, sondern nur mit Rat und in Abstimmung mit anderen!
• Schalten Sie rechtzeitig – auch zur eigenen Entlastung – die Schulleitung ein!
• Erkennen Sie die Grenzen Ihrer eigenen Fähigkeit, geben Sie »den Fall« rechtzeitig an eine kompetente Fachkraft ab!
• Handeln Sie besonnen und ruhig – beherrschen Sie Ihre eigenen Gefühle: Es geht in erster Linie nicht um Sie, sondern um die Schülerin / den Schüler!
• Machen Sie keine Vorwürfe, beschuldigen Sie niemanden, sondern bedenken Sie immer, daß Opfer wie Täter der Hilfe bedürfen!
• Werben Sie für dieses Krisenverhalten bei Ihren Kolleginnen und Kollegen!
• Arbeiten Sie Ihre eigene Situation auf: Überlegen Sie, ob Sie selbst persönlichen Zuspruch und Hilfe, für Ihre berufliche Arbeit zusätzliche Fort- oder Weiterbildung brauchen!

Medien

- Handlungsanleitung aus Erziehungsberatungsstellen,
- praxisorientierte Literatur (Kommunikation, Interaktion etc.),
- audiovisuelles Trainingsmaterial.

192

Hilfestellung für ein Elternseminar:

Zur Sache

Elternabende, ein Projekttag, eine Podiumsveranstaltung bieten Eltern manchmal zu wenig Zeit, Raum und persönlichen Kontakt, um sich über Sucht- und Drogenprobleme auszutauschen. Der Vorteil eines Elternseminars liegt in der intensiveren Auseinandersetzung und der persönlicheren Begegnungsmöglichkeit mit Gleichbetroffenen. Das Elternseminar – z. B. als Kompaktseminar – ist zwar die Ausnahme in der Zusammenarbeit der Schule mit den Eltern, aber dennoch eine sinnvolle Ergänzung der üblichen Routine.

Ziel

- Eine intensivere und konzentriertere Möglichkeit der Auseinandersetzung mit Suchtgefährdungen der Kinder und Jugendlichen ermöglichen.

- Eine größere Offenheit und gleichzeitig ein gewisses Maß an Intimität herstellen, die ein größeres persönliches Engagement schaffen können.

- Über dieses intensivere Eingehen auf Sucht- und Drogenprobleme eine Verstärkung der schulischen Suchtvorbeugung erzielen.

Arbeitshinweise

- Grundsätzliche Aspekte der Vorbereitung und Durchführung beachten:
- Wer ergreift die Initiative?
- Wie werden die Interessierten / die Teilnehmenden gewonnen?

- Wer übernimmt die Leitung?
- Wann und wo findet das Seminar statt?
- Welche Kosten fallen an und wer trägt sie?
- Ist Unfallschutz gewährleistet?
- Werden Fachleute / Referenten benötigt?
- Welche Arbeitsweisen sollen angewendet werden?
- Welche Medien kommen zum Einsatz?

- Unbedingt klären, wer das Management des Seminars übernimmt: ein Elternteil oder eine von den Eltern beauftragte Fachkraft (nach Möglichkeit keine Lehrkraft; Lehrer sollten nur assistierend beteiligt sein).
- Vorbereitungen ähnlich handhaben wie beim Elternabend:

- Teilnehmerzahl nach Befragung von Eltern klären,
- Kostenfragen regeln,
- Termine (Ausweichtermine) regeln und Tagungsort festlegen,
- ggf. Rat einholen von versierten Helfern: schulpsychologischer Dienst, Beratungsstelle (z. B. zur Struktur des Seminars),
- Seminarablauf planen und festlegen,
- Einladungen verschicken,
- Detailvorbereitung / genaue Absprachen im Team Eltern – Referenten – Lehrer,
- Versand des genauen Seminarprogramms an die Teilnehmenden,
- letzte Absprachen zu Beginn des Seminars.

BEISPIEL / VORSCHLAG FÜR EIN EINTÄGIGES ELTERN-KOMPAKTSEMINAR

bis 8.15 Uhr	Ankunft der Teilnehmer
8.30 Uhr	Plenum: Begrüßung, gegenseitiges Vorstellen, Benennen der Erwartungen an das Seminar
9.15 Uhr	Kurzreferat (als Impuls) über Suchtgefahren, Vorbeugungsmöglichkeiten o. ä.
9.30 Uhr	Anmerkungen zum Referat
10.00 Uhr	Pause
10.15 - 12.30 Uhr	Gruppenarbeit zur Suchtproblematik und Vorbeugung (Gespräch, Fallbesprechung, Planspiel, Rollenspiel, u.a.)
ca. 13.00 Uhr	Mittagspause (Mensa, Gasthaus, gemeinsames Gestalten der Mahlzeit)
15.00 - 16.30 Uhr	Plenum: Berichte aus den Gruppen mit Aussprache, ergänzenden Informationen
16.30 Uhr	Pause
16.45 - 18.00 Uhr	gemeinsame Überlegungen zur Praxis der Suchtvorbeugung in Schule, Familie, Freizeit etc. auf der Grundlage der Gruppenarbeit
18.00 Uhr	Zusammenfassung, Verabschiedung

s. auch Elternabend

Förderung einer Elterngruppe:

Zur Sache

Die Elterngruppe, die sich regelmäßig zum Zweck der expliziten Suchtvorbeugung (im Sinne der Sekundärprävention) trifft, ist sicher die Ausnahme. Da aber viele einzelne pädagogische Fragen die Eltern sehr beschäftigen können, ist ein Gesprächskreis engagierter Eltern, die sich im Sinne der Primärprävention zusammenschließen, durchaus nicht mehr so ausgeschlossen. Vor allem die Bereitschaft junger Elternpaare, sich aktiv und selbstbewußt in schulische Prozesse mit einzuschalten, nimmt zu. Lehrkräfte haben in dieser Elterngruppe keine direkte Funktion. Sie können eine solche Gruppe anregen und ggf. mit Informationen versorgen.

Ziel

- Die Neigung von Eltern, sich miteinander mit Erziehungsfragen, u. a. auch mit Suchtvorbeugung, auseinanderzusetzen, positiv bestärken.
- Hilfestellungen beim Zustandekommen geben und bei gelegentlichen Anfragen zur Verfügung stehen.
- Die Elterngruppe in ihrer Autonomie bestärken und organisatorisch unterstützen.
- Die Kompetenz der Elterngruppe im Umgang mit Erziehungsfragen fördern.

- Lehrerin/Lehrer bietet Hilfestellung beim Zustandekommen der Gruppe an (eventuell Anregung, erster Termin, Ort, organisatorische Unterstützung, Informationen über die Arbeitsweise einer Selbsthilfegruppe).
- In besonderen Fällen Hilfe während der Arbeit der Gruppe: Vermittlung einer Fachkraft, Informationen aus der Schule, pädagogische Maßnahmen nach Wunsch der Gruppe.
- Sich selbst Partner für diese Hilfestellungen suchen: z. B. über die Nationale Kontakt- und Informationsstelle zur Anregung und Unterstützung von Selbsthilfegruppen (NAKOS), 10709 Berlin, Albrecht-Achilles-Str. 65, T. (030) 8914019 oder über eine Beratungsstelle.
- Stichworthinweise für die Praxis einer Selbsthilfegruppe:

• Jeder, der ein Problem hat, etwas mit anderen zusammen zu dessen Bewältigung tun will, kann eine Selbsthilfegruppe gründen.

• Man findet oder gründet eine Selbsthilfegruppe, indem man bei Beratungs- und Hilfsdiensten nachfragt, ob es eine solche Gruppe bereits gibt, oder man gründet selbst eine: Annonce in der Zeitung, Aufruf / Anfrage durch Aushang bei Kirchengemeinde, Gemeindeamt, in einem Geschäft, Supermarkt, der Uni, in der Volkshochschule usw.

• Die Selbsthilfegruppe trifft sich an einem neutralen Ort, z.B. in einem Kirchengemeinderaum, in der Volkshochschule o.ä., falls dies nicht möglich ist, abwechselnd bei den Teilnehmenden.

• Die günstige Gruppengröße liegt ungefähr zwischen sechs und zwölf Personen.

• Die Gruppe gibt sich selbst die Regeln. Wichtig ist aber, die Termine konsequent einzuhalten, eine feste Gruppenzeit zu vereinbaren, am Thema zu bleiben, pünktlich zu sein, unbedingte Vertraulichkeit zu wahren. Wenn man der Meinung ist, daß die Gruppe nicht mehr zusammenzukommen braucht, sollte man sie eindeutig und klar beenden.

- Als Lehrkraft nur nach Absprache mit der Gruppe beteiligt sein (keinesfalls von sich aus intervenieren!). Dafür gelten folgende Vorsätze:

• Ich verdeutliche den Eltern, daß ich nur dieses eine Mal an der Gruppensitzung teilnehme, um eventuell eine Anregung oder um eine notwendige Information zu geben, nicht aber um irgendwelche Probleme der Gruppe zu lösen.

• Ich kläre, ob ich die richtige, d. h. erforderlich kompetente Person für die gewünschte Hilfestellung bin.

• Ich gebe die gewünschten Informationen oder zeige grundsätzliche Wege zur Problemlösung auf.

• Ich verhelfe den Eltern zur Klärung ihres Problems, interpretiere aber nicht selbst.

• Ich biete keine eigenen Problemlösungen an, suggeriere den Eltern nicht eine bestimmte Lösung, übernehme keine Rolle auch nur indirekter Beteiligung an der Gruppe, dränge nicht auf eine Lösung, die aus der Gruppe kommt und mir besonders einleuchtend erscheint.

• Ich vergegenwärtige mir ständig und ausdrücklich meine Kompetenz in personzentrierter Gesprächsführung und Beratung (siehe C. 11).

Medien

siehe unter Infothek,
Informationen der NAKOS.

11

Auf Interessen, Sorgen und Probleme eingehen: Beratung für Schüler und Eltern

Viele Lehrkräfte begehen den Fehler, Beratung mit Belehrung zu verwechseln: Sie raten vorschnell zu einem bestimmten Verfahren, bieten Rezepte zur Problemlösung an, nehmen einen autoritären Standpunkt ein, vor allem im Gespräch mit Schülern, und lassen die Gesprächspartner zu wenig zu sich selbst kommen. Oft wirkt die Art der schnellen Problemlösung fast zwanghaft.

Zugegeben: Es ist schwierig, sich auf die oder den anderen einzustellen, von den eigenen gutgemeinten Lösungsvorschlägen zunächst einmal abzurücken und zuzuhören, ob und was der Ratsuchende denn überhaupt selbst zur Problemlösung beizutragen vermag. Eine Gesprächsführung, die am Adressaten orientiert ist, kann man aber erlernen. Dafür gibt es Übungsmöglichkeiten, die man bei den Beratungsstellen oder beim schulpsychologischen Dienst erfahren kann. Auch bieten kirchliche Dienste wie Caritas oder Diakonisches Werk entsprechende Fortbildungs- und Weiterbildungskurse an. Vielleicht sind Schulpsychologen oder andere versierte Fachkräfte ja bereit, Lehrerinnen und Lehrer in der sog. klientenzentrierten Gesprächsführung zu trainieren.

Für die schulische Beratungspraxis müssen grundsätzlich zwei Richtungen der Beratung unterschieden werden, die sich im Beratungsfall meistens kombinieren lassen:

1. die themenzentrierte oder sachorientierte Beratung, bei der es im wesentlichen um das Erfragen und die Weitergabe von Informationen geht,
2. die person- oder klientenzentrierte Beratung, bei der es in erster Linie nicht um Sachfragen, sondern um die Befindlichkeit, die Problemempfindungen und die persönliche Handlungskompetenz geht.

Ziel der themenzentrierten Beratung ist es,

- sachgerechte Informationen zu geben, die die Fragenden nach Möglichkeit zufriedenstellen können,
- neue Einsichten in Problemzusammenhänge zu fördern,
- Hilfestellung zu geben, die Sachinformationen auch sinnvoll für die eigene Entscheidung zu nutzen.

Ziel der personzentrierten Beratung ist es,

- den Fragenden/Ratsuchenden zu verdeutlichen, daß der Berater offen für seine Probleme ist,
- daß der Berater auf die emotionale Lage der Fragenden/ Ratsuchenden achtet und eingeht,
- daß er die Hilfesuchenden darin unterstützt, die anstehenden Probleme selbst zu lösen,
- daß der Berater von sich aus oder mit anderen Helfern nur insoweit in den Entscheidungsprozeß eingreift, bis die Fragenden/Ratsuchenden eigenständig zu handeln imstande sind.

Die sachgerechte Information ist durch eine gute fachliche und persönliche Vorbereitung der Lehrkräfte zu erreichen. Die personzentrierte Beratung ist dagegen sehr viel stärker an die Person des Beraters oder der Beraterin gebunden bzw. diese müssen sich selbst sehr viel genauer des eigenen Verhaltens bewußt sein, die eigenen Verhaltensweisen meistens deutlich korrigieren und trainieren – ein Unternehmen, das sich allerdings für die beratende Lehrerin / den beratenden Lehrer lohnt, weil es mit Hilfe der Selbstkorrektur mehr soziale Kompetenz vermittelt:

Empfehlenswerte Verhaltensweisen in der Beratung:

1. Ich zeige den Gesprächspartnern und ihrem Anliegen gegenüber eine positive Haltung:
Ich bemühe mich um eine Gesprächsatmosphäre emotionaler Wärme: durch Offenheit, Freundlichkeit, Zurückhaltung.

• Wenn es möglich ist, unterstütze ich diese Atmosphäre, indem ich das Gespräch in einem freundlichen Raum und ohne äußere Störungen führe.

• Ich vermittle den Gesprächspartnern den Eindruck, daß sie keinen Bittgang tun, daß ich von ihnen nicht etwas Bestimmtes erwarte oder daß sie keinerlei Wertungen, Vorwürfe oder Beschuldigungen zu erwarten haben. Ich verzichte auf Äußerungen wie: »Das ist aber falsch!« »Da haben Sie einen Fehler gemacht.« »Ganz richtig so, ich hätte genau so gehandelt!«

• Ich verzichte darauf, vorschnelle Ratschläge, Empfehlungen und Hinweise zu geben, wenn mein Gegenüber sich über die eigene Gefühlslage noch nicht im klaren ist, Schwierigkeiten hat sich zu äußern oder so unter dem Eindruck der eigenen Probleme steht, daß er gar nicht aufnahmefähig ist.

• Ich bin mir bewußt, daß ich nicht durch meine eigenen Problemlösungsvorschläge, sondern besser durch Entspannung und Angstbefreiung helfe.

2. Ich versuche meine Gesprächspartner darin zu unterstützen, die eigenen Gefühle, Wertungen und Wünsche zu ihrem Problem auszudrücken:

- Ich bleibe insoweit zurückhaltend, als ich selbst verbalisiere, was ich verstanden habe, aber nicht ausdrücke, was ich anstelle der Eltern für richtig halte.

- Ich greife nicht mit meinen Emotionen in die Gefühlslage meiner Gesprächspartner ein, d. h. ich verzichte auf Äußerungen wie: »Das empfinde ich genau so wie Sie!«
  »Ich finde, daß man da besonnener sein müßte.« o. ä.

- Ich steige mit meinen Gesprächspartnern nicht in eine Diskussion oder Auseinandersetzung um ihr Problem ein, auch wenn ich selbst dazu starke Gefühle habe.

- Vielmehr verhelfe ich ihnen dazu, ihre hinter dem Problem liegenden Emotionen zu äußern und damit zu klären, was sie wirklich empfinden. Ich versuche also, ihnen zur Klärung ihres Standpunktes zu verhelfen: »Können Sie sagen, warum Sie das Problem so sehen?« »Was ist Ihnen an dieser Stelle besonders wichtig?« »Ich habe noch nicht ganz verstanden, was für Sie hier so wichtig ist.« »Wenn ich Sie jetzt richtig verstanden habe, dann meinen Sie …« »Können Sie sagen, was Sie erreichen wollen, was Sie sich wünschen?« o.ä.

- Ich versuche nicht, das Gespräch und damit die Entscheidung in eine bestimmte Richtung zu lenken, weil ich mir bewußt bin, daß ich gegen die Persönlichkeit meiner Gesprächspartner ohnehin keine Entscheidung manipulieren kann.

3. Ich bemühe mich um Ehrlichkeit und Echtheit meinen Gesprächspartnern gegenüber:

- Ich unterscheide für mich zwischen echter Hilfe einerseits, indem ich die Gesprächspartner ernst nehme, auf sie eingehe und ihnen zu ihrer, nicht zu meiner Entscheidung verhelfe, und unechter Hilfe andererseits, die den Gesprächspartnern eingeredet, »dringend empfohlen« wird, mit der sie an eine bestimmte Ordnung oder nur an meine Meinung angepaßt werden.

- Ich sage daher nicht: »Machen Sie das am besten so.« »Es gibt nur diese eine Lösung.« »Ich rate Ihnen dringend, so zu verfahren.«

- Ich gehe auf die Gesprächspartner ein: »Sie haben ein bestimmtes Anliegen an mich. Bitte sagen Sie mir, was Sie von mir erwarten.« »Ich kann Ihnen nicht sagen, daß Sie diese Maßnahme ergreifen müssen. Entscheiden Sie so, daß Sie mit Ihrer Entscheidung leben können.«

- Damit lasse ich den Gesprächspartnern Freiheit und dränge mich nicht als Helfer auf.

- Wenn meine Gesprächspartner mich auffordern, ihnen zu sagen, was sie tun sollen, werde ich ihnen diesen Gefallen nicht tun. Aber ich sage ihnen, welche Verhaltensmöglichkeiten es gibt und welche Konsequenzen daraus erwachsen können. Aber wie gesagt: Ich »ziehe mir nicht ihren Schuh an«.

Dies sind nur einige wichtige Hinweise für eine personzentrierte Gesprächsführung. Es empfiehlt sich, diese nicht nur mit Fachkräften zu erlernen und zu trainieren, sondern sie auch immer wieder in der kollegialen Beratung zu üben (s. C. 6).

12

Wo finde ich was?
Medienquellen

Im Angebot der Büchereien, des Buchhandels, der Bildstellen, Filmdienste, der Krankenkassen, der Fortbildungswerke, der schulpsychologischen Dienste, verschiedener Beratungsein- richtungen und örtlicher wie regionaler Medienzentralen gibt es eine Vielzahl an Literatur, Diaserien, Filme etc. zum Thema Sucht und Drogen. Zudem informieren die Bundeszentrale für gesundheitliche Aufklärung sowie die entsprechenden Lan- desstellen (Anschriften s. unter C. 8).

So kann man beispielsweise von verschiedenen Krankenkas- sen Informations-, Ausstellungs- und Aktionsmaterialien erhalten. Faltblätter und Broschüren zur Erstinformation über Sucht- und Drogen bieten alle Beratungsstellen an. Jede Buchhandlung kann weiterhelfen bei der Suche nach einschlägiger Literatur (dazu s. unter C. 13 Literaturempfehlungen). Auch fast alle öffentlichen Bibliotheken verfügen wenigstens über einige Titel zum Problem.

Schwieriger wird die Suche nach audiovisuellen Medien. Dazu wende man sich zunächst an die örtlichen und regionalen Bildstellen und Filmdienste, die in der Regel über entsprechen- de Medien verfügen, mindestens aber über Kataloge, über die Diaserien oder Filme angefordert werden können. Sollte dies nicht gelingen, kann man noch den Weg über die zentralen Landesstellen gehen. Dabei empfiehlt sich auch der Weg über die kirchlichen Medienzentralen, die oftmals sehr gut sortiert sind und weiterhelfen können. Dazu folgende zentralen Adressen:

Landesbildstellen und -filmdienste der Bundesländer

- Landesbildstelle Baden, Rastatter Str. 25, 76199 Karlsruhe, T. (0721) 880835
- Landesbildstelle Württemberg, Rotenbergstr. 111, 70190 Stuttgart, T. (0711) 283204
- Landesfilmdienst Baden-Württemberg, Wolframstr. 20, 70191 Stuttgart, T. (0711) 251012
- Staatliche Landesbildstelle Nordbayern, Karl-Burger-Str. 26, 95445 Bayreuth, T. (0921) 41051
- Staatliche Landesbildstelle, Am Stadtpark 20, 81243 München, T. (089) 8394302
- Landesfilmdienst Bayern, Dietlindenstr. 18, 80802 München, T. (089) 347065
- Landesbildstelle Berlin, Zentrum für audiovisuelle Medien, Wikingerufer 7, 10555 Berlin, T. (030) 390921
- Landesbildstelle Brandenburg, Medienpädagogisches Zentrum, Yorckstr. 2, 14467 Potsdam
- Landesfilmdienst Berlin Brandenburg, Bismarckstr. 80, 10627 Berlin, T. (030) 3138055
- Landesbildstelle Bremen, Uhlandstr. 53, 28211 Bremen, T. (0421) 4963178
- Staatliche Landesbildstelle Hamburg, Kieler Str. 171, 22525 Hamburg, T. (040) 54991
- Staatliche Landesbildstelle Hessen, Gutleutstr. 8-12, 60329 Frankfurt am Main, T. (069) 25681
- Landesfilmdienst Hessen, Kennedyallee 105 a, 60596 Frankfurt am Main, T. (069) 638025

- Landesinstitut Mecklenburg-Vorpommern für Schule und Ausbildung, Von-Flotow-Str. 20, 19059 Schwerin, T. (0385) 7601728

- Landesfilmdienst Mecklenburg-Vorpommern, Bleicherstr. 3, 19053 Schwerin, T. (0386) 5813359

- Niedersächsisches Landesverwaltungsamt, Landesmedienstelle, Stiftstr. 13/15, 30159 Hannover, T. (0511) 1081

- Landesfilmdienst Niedersachsen, Podbielskistr. 30, 30163 Hannover, T. (0511) 661393

- Landschaftsverband Rheinland, Landesbildstelle Rheinland, Prinz-Georg-Str. 80, 40479 Düsseldorf, T. (0211) 8991-8181

- Landschaftsverband Westfalen-Lippe, Landesbildstelle Westfalen, Warendorfer Str. 24, 48147 Münster, T. (0251) 5913901

- Landesfilmdienst Nordrhein-Westfalen, Schirmerstr. 80, 40211 Düsseldorf, T. (0211) 360556

- Landesbildstelle Rheinland-Pfalz, Hofstr. 257, 56077 Koblenz- Ehrenbreitstein, T. (0261) 72022 und 72023

- Landesfilmdienst Rheinland-Pfalz, Deutschhausplatz, LFD- Haus, 55116 Mainz, T. (06131) 234641

- Staatliche Landesbildstelle Saarland, Beethovenstr. 26, 66125 Dudweiler, T. (06897) 790820

- Landesfilmdienst Saarland, Mainzer Str. 30, 66111 Saarbrücken, T. (0681) 67174

- Landesmedienstelle Sachsen (Bernd Müller), Gerokstr. 22, 01307 Dresden

- Landesfilmdienst Sachsen, Enderstr. 10, 04315 Leipzig, T. (0341) 4795188

- Landesinstitut für Lehrerfortbildung, LBS für Medienangelegenheiten, Riebeckplatz 9, 06112 Halle, T. (0345) 8340

- Landesfilmdienst Sachsen-Anhalt, Bahnhofstr. 14, 06406 Bernburg, T. (03471) 23748
- Landesbildstelle Schleswig-Holstein, Schreberweg 5, 24143 Kiel, T. (0431) 5403176
- Landesfilmdienst Schleswig-Holstein, Thormannplatz 20-22, 24768 Rendsburg, T. (04331) 76388
- Landesfilmdienst Thüringen, Brühler Str. 52, 99084 Erfurt, T. (0361) 6438868

Evangelische Medienzentralen

- Ev. Bildstelle Baden, Erbprinzenstr. 5, 76133 Karlsruhe, T. (0721) 147368
- Ev. Medienzentrale in Bayern, Hummelsteiner Weg 100, 90459 Nürnberg, T. (0911) 4304-215
- Ev. Medienzentrale Berlin-Brandenburg, Goethestr. 27-30, 10625 Berlin, T. (030) 3191-292
- Amt für Medienarbeit (Medienzentrale) der Ev.-luth. Landeskirche in Braunschweig, Klostergang 66 (auch zuständig für die Ev.-luth. Kirche in Oldenburg), T. (0531) 371013
- Ton- und Bildstelle der Bremischen Ev. Kirche, Franziuseck 2-4, 28199 Bremen, T. (0421) 5597-211
- Nordelbische Medienzentrale, Feldbrunnenstr. 29, 20148 Hamburg, T. (040) 456624
- Medienzentrale im Amt für Gemeindedienst, Archivstr. 3, 30169 Hannover, T. (0511) 1241-501
- Filmdienst der Ev. Kirche in Hessen und Nassau, Elisabethenstr. 51, 64283 Darmstadt, T. (06151) 405450
- Ev. Kirche der Pfalz, Film-, Bild- und Tonstelle, Domplatz 5, 67346 Speyer, T. (06232) 109179

- Film Funk Fernsehen Zentrum der Ev. Kirche im Rheinland, Lenaustr. 41, 40470 Düsseldorf, T. (0211) 63981

- Ev. Filmzentrale der Ev. Kirche von Westfalen, Cansteinstr. 1, 33647 Bielefeld, T. (0521) 44860

- Ev. Medienzentrale Württemberg, Theodor-Heuss-Str. 23, 70174 Stuttgart, T. (0711) 222760

- Ev. Informationszentrum Kurhessen-Waldeck, Medienzentrale, Heinrich-Wimmer-Str. 4, T. (0561) 31001

- Medienzentrale der Ev.-luth. Kirche in Thüringen, Schloßberg 4a, 99817 Eisenach, T. (03691) 624960

- Ev. Medienzentrale Magdeburg, St.Michael-Str. 47, 39112 Magdeburg, T. (0391) 600900

- Medienzentrale der Pommerschen Ev. Kirche, Karl-Marx- Platz 15, 17489 Greifswald, T. (03834) 554750

- Ev. Medienzentrale Görlitz, Amt für Gemeindedienst, Schlaurother Str. 11, 02827 Görlitz, T. (03581) 7440-155

Katholische Medienzentralen

- Diözesanfilmstelle Köln, AV-Medienzentrale, Kardinal-Frings- Str. 1-3, 50668 Köln, T. (0221) 120501/ 120502/ 1631-227 / 1642- 279

- AV-Medienzentrale Diözese Augsburg, Kappelberg 1, 86150 Augsburg, T. (0821) 3152205

- AV-Zentrale des Bistums Berlin, Mediothek, Kolonnenstr. 38, 10829 Berlin, T. (030) 7845066

- Bild- und Filmstelle der Erzdiözese Freiburg, Okenstr. 15, 79108 Freiburg, T. (0761) 5144-252

- AV-Medienzentrale Mainz, Deutschhausplatz LFD, 55116 Mainz

- Fachstelle für Medienarbeit der Diözese Rottenburg, Sonnenbergstr. 15, 70184 Stuttgart, T. (0711) 2195225
- AV-Medienzentrale Diözese Eichstätt, Luitpoldstr. 2, 16727 Eichstätt, T. (08421) 50-333
- AV-Medienzentrale Erzdiözese München-Freising, Nußbaumstr. 30, 80336 München, T. (089) 53268544
- Medienzentrum für das Erzbistum Paderborn, Rathausplatz 7, 33098 Paderborn, T. (05251) 26418
- AV-Medienzentrale im Bischöflichen Seelsorgeamt, Gr.Messergasse, 1/I, 94032 Passau, T. (0851) 3917
- AV-Medienzentrale Diözese Regensburg, Seelsorgeamt, Obermünsterplatz 7, 93047 Regensburg, T. (0941) 565-251
- Bild- und Medienstelle der Diözese Hildesheim, Domhof 18-21, 31134 Hildesheim, T. (05121) 307285/88
- Bischöfl. Generalvikariat, Religionspädagog. Arbeitsstelle, Domhof 12, 49047 Osnabrück, T. (0541) 318-208
- AV-Medienzentrale der Erzdiözese Bamberg, Heinrichsdamm 32, 96047 Bamberg, T. (0951) 203248
- Katechetisches Institut des Bistums Aachen, Referat Medienpädagogik, Eupener Str. 138, 52066 Aachen, T. (0241) 67031
- Diözesan-Medienstelle, Stiftsgasse 4a, 99084 Erfurt, T. (0361) 6572217
- Medienladen, Käthe-Kollwitz-Ufer 84, 01309 Dresden

Bundesweit

- Deutsches Filmzentrum, Postfach 170254, 53028 Bonn, T. (0228) 985590

13

Pfade durch das Bücherdickicht: Kommentierte Literaturangaben

An dieser Stelle ist auf Literaturangaben der Fächer Religion und Ethik, über die jede Fach-Lehrkraft der beiden Fächer ohnehin verfügt, verzichtet worden, um das Literaturverzeichnis nicht unnötig zu erweitern, sondern bewußt auf die weniger bekannte Literatur zur Sucht- und Drogenproblematik zu beschränken.

Diese Fachliteratur ist nur schwer überschaubar. Daher sind einige Titel ausgewählt und knapp kommentiert (fett: besonders zweckmäßig für Prävention und für das eigene Präventionstraining).

Andreas-Siller, Petra: Kinder und Alltagsdrogen. Suchtprävention in Kindergarten und Schule. Wuppertal: Hammer 1991. 151 S.
Darstellung der Suchtprävention in Verbindung mit allgemeiner Gesundheitserziehung; gute Anregungen für die Primärprävention im Kindergarten mit kritischer Einbeziehung der Eltern; knappe Information über Prävention in der Grundschule,

Bartsch, Norbert / Knigge-Illner, Helga (Hg.): Sucht und Erziehung. Band 1: Sucht und Schule. Ein Handbuch für Lehrer und Sozialpädagogen. Weinheim: Beltz 1987. 314 S.
Gut verständliches und praxisorientiertes Handbuch für die Präventionsarbeit in der Schule; Schwerpunkte: Grundlagen-

informationen zum Suchtverhalten bei Schülern, fächerdifferenzierte Maßnahmen der Vorbeugung und Suchtprävention in der Lehrerbildung.

Bartsch, Norbert / Knigge-Illner, Helga (Hg.): Sucht und Erziehung. Band 2: Sucht und Jugendarbeit. Ein Handbuch für Lehrer und Sozialpädagogen. Weinheim: Beltz 1988. 212 S.
Ebenso wie Band 1 verständlich und praxisorientiertes Handbuch mit einleitenden Aufsätzen zu Zielen und Problemhintergrund suchtvorbeugender Jugendarbeit, der Funktion von Drogen in der Entwicklung Jugendlicher sowie einer Auseinandersetzung zur sog. Drogenerziehung; Hinweise zu suchtpräventiven Ansätzen und Kooperationspartnern der Jugendarbeit.

Bastian, Johannes (Hg.): Drogenprävention und Schule. Grundlagen, Erfahrungsberichte, Unterrichtsbeispiele. Hamburg: Bergmann und Helbig 1992. 177 S.
Handlungsorientierte Grundlagenbeiträge, Berichte aus der schulischen Präventionspraxis und Unterrichtsbeispiele mit Vorschlags- und Empfehlungscharakter.

Bäuerle, Dietrich: Im Kampf gegen die Drogensucht. Hilfen für Eltern und ihre Kinder. Frankfurt: Fischer Taschenbuch 1991, 131 S.
Darstellung der Auswirkungen der Sucht von Kindern und Jugendlichen auf die Familien, speziell der Schwierigkeiten der Eltern im Umgang mit sich und ihren Kindern bei deren Abhängigkeit und Sucht; Praxishinweise für den sinnvollen Umgang mit der Sucht- und Drogenkrise und für die Suchtvorbeugung mit Perspektiven für eine offensive und öffentlichkeitswirksame Elternarbeit und Elternselbsthilfe.

Bäuerle, Dietrich: Suchtgefahren – Kinder und Medikamente. Ein Ratgeber für Eltern und Erzieher. Bergisch-Gladbach 1994. 330 S.

Problemaufriß der Suchtgefährdung von Kindern durch Medikamente auf der Grundlage von Praxiserfahrungen, mit ausführlicher Information und detaillierten Alternativen, Hilfen und Empfehlungen für einen gesundheitsgerechten Umgang mit Medikamenten für Kinder, einschließlich der Zusammenarbeit zwischen Elternhaus, Schule und Ärzteschaft; im Anhang ein Kompaktratgeber gegen Sucht und Drogen.

Bilstein, Eva / Voigt, Annette: Ich lebe viel. Materialien zur Suchtprävention. Mülheim an der Ruhr: Verlag an der Ruhr 1991, 87 S.
Konsequent praxisbezogene, ganzheitlich orientierte, nach zentralen Aspekten der Suchtproblematik gegliederte Materialzusammenstellung mit guter didaktischer und methodischer Aufbereitung; eine Fundgrube von Ideen und zugleich Anregung für eigene Schwerpunktsetzung sowie eigene Überlegungen und Aktionen.

Bühringer, Gerhard: Drogenabhängig. Wie wir Mißbrauch verhindern und Abhängigen helfen können. Freiburg: Herder 1992. 137 S.
Deutlich praxis- und situationsorientierte Auseinandersetzung mit Sucht und Drogenabhängigkeit bei Kindern, problembewußte und einfühlsame Darstellung, mit zwei Schwerpunkten: Vorbeugung und Krisenintervention.

Bundeszentrale für gesundheitliche Aufklärung in Köln:
Materialien zur Suchtprävention: Bestelliste (Anforderung über Informationstelefon zur Suchtprävention 0221 / 892031)
Zahlreiche und vielfältige praxisorientierte Materialien zur Suchtprävention, teilweise in Zusammenarbeit mit Schulbuchverlagen, als gute Einführungsübersicht zur Vorbeugung mit Kindern und Jugendlichen.

Carlhoff, Hans-Werner / Wittemann, Peter (Hg.): Drogen-
bekämpfung und Suchtprävention. Situationen, Analysen,
Perspektiven. Stuttgart: Aktion Jugendschutz Baden-Württemberg 1991. 170 S.
Überblicksartige Darstellung der Präventionsmöglichkeiten,
-arbeit und Grenzen der Vorbeugung; als Grundlagenorientie-
rung gut geeignet.

Deutsche Hauptstelle gegen die Suchtgefahren (Hg.): Jahr-
buch Sucht 1995. Geesthacht: Neuland 1994. 301 S.
Jährlich neu erscheinende Übersicht über zentrale Problemstellungen zur Sucht; regelmäßige Informationen über Suchtstoffe mit detaillierten Statistiken; dazu jährlich wechselnde
Schwerpunktthemen mit überblicksartigen Berichten; jeweils
neueste Information über Organisationen, Institutionen, Initiativen und Selbsthilfeeinrichtungen, Fachverlage und Periodika
mit Anschriftenverzeichnissen.

Harten, Rolf: Suchtvorbeugung. Entwicklung, aktuelle Situation, Praxis, Probleme. Hamburg: Neuland 1990. 48 S.
Griffige und kompakte Darstellung der Suchtvorbeugung; besonders gut geeignet für den Einstieg in die Auseinandersetzung mit Prävention.

Harten, Rolf: Normal und süchtig. Suchtprobleme in unserer
Gesellschaft. Hamburg: Neuland 1990. 122 S.
Erfahrungsorientierte Darstellung der unterschiedlichen Suchtformen; einleitende Auseinandersetzung mit möglichen Stra-
tegien gegen die Sucht.

**Hilfen für die schulische Erziehung im Bereich Suchtprä-
vention und Drogenproblematik.** Hg. v. Niedersächsischen
Landesinstitut für Lehrerfortbildung, Lehrerweiterbildung und
Unterrichtsforschung. Hildesheim 1990
Sehr fundiertes und zugleich praxisorientiertes Material für die
schulische Suchtvorbeugung, in Projektbereiche untergliedert,

mit erfreulich ausführlicher Berücksichtigung primärpräventiver Aspekte; differenziert nach Primarstufe, Orientierungsstufe, Sek I und Sek II.

Hoffmann, Wolfgang: Frei wie ein Vogel. Suchtprävention: Projekt, Ausstellung und Information. Mülheim an der Ruhr: Verlag an der Ruhr 1993. 86 S.
Ein ganz und gar der Praxis zugedachtes übersichtliches Hilfsmittel, nach ganzheitlichem Ansatz mit Jugendlichen Vorbeugung zu thematisieren und zu erleben. Eine Fundgrube vielfältiger Ideen für große und kleine Aktionen.

Kindermann, Walter: Drogenabhängigkeit bei jungen Menschen. Ein Ratgeber für Eltern, Geschwister und Freunde. Freiburg: Lambertus 1989. 29 S.
Nach dem Frage-Antwort-System aufgearbeiteter Ratgeber, sehr gut geeignet für den Einstieg in die Problematik und zur kurzen, aber fachlich sehr versierten Auskunft; sehr empfehlenswerte Erstinformation.

Knapp, Rudolf (Hg.): Vorbeugung gegenüber Suchtgefahren. Aufgabe einer Gesundheitserziehung im Kindes- und Jugendalter. Heidelberg: Decker und Müller 1989. 258 S.
Grundlagenwerk zum Komplex Suchtprävention – Gesundheitserziehung; theoretischer Teil mit Auseinandersetzungen aus pädagogischer, psychologischer, sozialmedizinischer und juristischer Fachperspektive; Praxisteil zur Vorbeugung in Familie, Schule, Jugendarbeit und Jugendhilfe.

Mader, Petra / Ness, Beate (Hg.): Bewältigung gestörten Eßverhaltens. Hamburg: Neuland 1987. 135 S.
Sehr differenzierte Darstellung der Problematik, praktischer Erfahrungen und der verschiedenen Bewältigungsmöglichkeiten (teilweise sehr detailliert) mit gesellschaftskritischen Ansätzen.

Poser, Wolfgang / Roscher, Dietrich / Poser, Sigrid: Ratgeber
für Medikamentenabhängige und ihre Angehörigen. Freiburg:
Lambertus 1991. 28. S.
Nach dem Frage-Antwort-Prinzip aufgebauter Ratgeber: übersichtlich, knapp gefaßt, sehr verständlich und hilfreich konzipiert.

Rennert, Monika: Co-Abhängigkeit. Was Sucht für die Familie
bedeutet. Freiburg: Lambertus 1990. 215 S.
Differenzierte Auseinandersetzung mit der Problematik auf der
Ausgangsgrundlage amerikanischer Erfahrungen, mit Hinweisen für Lösungsstrategien.

Rußland, Rita / Plogstedt, Sibylle: Sucht – Alkohol und Medikamente in der Arbeitswelt. Frankfurt: Fischer Taschenbuch
1986. 296 S.
Aufschlußreiche Information über Suchtproblematik und Arbeitswelt mit den Schwerpunkten Medikamente und Alkohol:
allgemeine Problematik, Sozialgeschichte, Frauen, Jugendliche, betriebsspezifische Vorbeugungs- und Hilfsmaßnahmen;
erfahrungs- und praxisorientierte Abhandlung.

Schmidbauer, Wolfgang / vom Scheidt, Jürgen:
Handbuch der Rauschdrogen. Frankfurt: Fischer Taschenbuch 1989. 759 S.
Darstellung sämtlicher Drogen und verwandter Substanzen, Analyse der kulturellen, sozialen und seelischen Hin-
tergründe des Drogenkonsums; Hinweise zur Therapie und
Rehabilitation; Detailstudien zur Drogenberatung; ein ergie-
biges und gut verständliches Nachschlagewerk und Stu-
dienbuch.

**Sucht- und Drogenvorbeugung in der Schule. Materialien
und Medien.** Hg.: Landesinstitut für Schule und Weiterbildung. Soest [2]1991 – zu beziehen über Soester Verlagskontor,
PF 7145, 59029 Hamm.

Sehr umfangreiches Material für die Praxis vor allem der Sek I, gegliedert in die Bausteine: Konzeption – Fachliche Grundlagen – Unterricht und Schule (sehr ausführlich!) – Beratungsgespräch – Kollegiale Beratung – Planspiel – Kooperation – Rechtsaspekte – Zusammenarbeit mit Eltern; praxisorientiert; in zwei A 4-Ordnern, teilweise in Loseblattform gefaßt, bietet eine Vielzahl von Übungsmöglichkeiten im Sinne der Praxisvorschläge dieses Buches.

Suchtvorbeugung in der Grundschule. Hg.: Landesinstitut für Schule und Weiterbildung. Soest 1992 – zu beziehen über Soester Verlagskontor, PF 7145, 59029 Hamm.
Wichtige Hilfe für die Suchtprävention in der Grundschule mit umfassender fachlicher und pädagogischer Grundlegung; gegliedert in die Bausteine: Konzeption – Fachliche Grundlagen – Erziehung und Unterricht (sehr ausführlich, gute Hilfen für die Primärprävention) – Zusammenarbeit mit Eltern – Rechtsaspekte.

Voigt-Rubio, Annette: Suchtvorbeugung in der Schule – mal ganz anders. Erlebnisorientierte Übungen ab 12 Jahren. Lichtenau: AOL-Verlag 1990. 89 S.
Erlebnisorientierte, praxiserprobte und gut handhabbare Hinweise für einen aktivierenden Unterricht; sehr sensible Schülerorientierung in Übungen und Rollenspielen.

Wille, Rolf: Sucht und Drogen und wie man Kinder davor schützt. München: Beck 1994. 134 S.
Leicht verständliche, praxis- und handlungsorientierte Auseinandersetzung mit drei für Eltern wichtigen Fragestellungen: Möglichkeiten der Erkennung einer Suchtentwicklung beim eigenen Kind, Vorbeugungsmaßnahmen und Hilfen in der Situation der Drogenabhängigkeit.